ベビーと小さな子どものための手編み

michiyo

文化出版局

Message

編みもののデザインの仕事は、ベビーや子どもものから始めました。
長年製作していても、新鮮で楽しい作業です。
大人ものと違って流行に左右されることは少なく、定番の形が多いのですが、
それでも、小さくてかわいいサイズのものは飽きることなくデザインできます。

この本では、ベビードレスなどのセレモニー向けアイテムよりも、
日常に使えるものを中心に考えてみました。

その中には、同じ模様を使って兄弟や姉妹でおそろいだったり
男の子向けと女の子向けに分けてみたり。
お好きな色でぜひ編んでくださいね。

カーディガンなどは男女関係なく着てもらいたいので、
すべてユニセックスの合せにしています。

日々大きくなる子どもたちですので、
編む手が間に合わなかったりしますが、
1シーズンにひとつ、思い出の作品ができますように。

michiyo

Contents

Vest & Bloomers　胴着とブルマ —— 4

Tilden Rompers　チルデンロンパース —— 6

Baby Cocoon　ベビーコクーン —— 8

Baby Bootie　ベビーブーティ —— 9

Belted Cap　ベルトつき帽子 —— 10

Nordic Rompers　編込みロンパース —— 12

Aran Cardigan　アランカーディガン —— 14

Aran Pullover　アランプルオーバー —— 15

Pants with Pockets　ポケットつきパンツ —— 16

Pants with Skirt　スカートつきパンツ —— 17

Shoulder Strap Rompers　肩ひもロンパース —— 18

Lacy Tights　レーシータイツ —— 19

Lacy Dress　レーシーワンピース —— 20

Flower Dress　お花模様のワンピース —— 22

Nordic Cardigan　編込みカーディガン —— 24

Tilden Vest　チルデンベスト —— 26

Border Pullover　ボーダープルオーバー —— 28

Dots Pullover　水玉プルオーバー —— 30

Sailor Collar Cardigan　セーラーカラーカーディガン —— 32

Denim Yarn Pants　サイドリブのデニム風パンツ —— 34

Shaggy Coat　シャギーコート —— 36

Rabbit Cap　うさ耳帽子 —— 37

Sack Coat　サックコート —— 38

Techniques　編み物の基礎 —— 40

How to knit　作品の編み方 —— 44

Vest & Bloomers

{ 胴着とブルマ }

Yarn / DMC Natura
Size / 60 – 70
Model's height / 72cm
How to knit / Vest p.44 Bloomers p.46

新生児から使える胴着とおそろいのブルマをセットに。
ひもでサイズ調整が可能なので、長く着られます。
コットン素材なので、たくさん着せてたくさん洗ってください。

Tilden Rompers

{ チルデンロンパース }

Yarn / DMC Natura
Size / 70
Model's height / 75cm
How to knit / p.48

衿なしでもきちんと見える
優秀ウェアのチルデンニットを、
爽やかな配色のロンパースにしてみました。
コットン素材なので3シーズン着せられます。

Baby Cocoon

｛ベビーコクーン｝

肌触りのよい糸を使い、伸縮性のある編み地でざくざく編みました。
新生児ではすっぽりと包め、月齢が進んでもお昼寝用に、
ベビーカーでは足を入れて……。長く重宝するおくるみです。

Yarn / DMC BOUCLETTE
Size / 50 – 80
Model's height / 72cm
How to knit / p.51

Baby Bootie
{ ベビーブーティ }

歩けるようになるまで使えるブーティは、
ガーター編みで伸縮性をつけました。
足を甲まで覆うデザインなので、
小さな足から履くことができます。
脱着しやすいようにつけた
リングモチーフがかわいいアクセントに。

Yarn / DMC Natura
Shoes Size / 8 – 11
How to knit / p.79

Belted Cap

{ ベルトつき帽子 }

Yarn / DMC Woolly, DMC Cotton perle
Size / 46、50 の 2 サイズ
Model's height / 75cm（46 サイズを着用）
How to knit / p.52

単色でもかわいい帽子に、
ひと手間加えてハンドメイドらしさをプラス。
ポンポンとベルトに明るい色の 3 番刺繍糸を引きそろえます。
色数が豊富な刺繍糸は少量使いに最適なので、
色合せを楽しんでください。

Nordic Rompers

{ 編込みロンパース }

イエローをベースに、オフホワイトでぞうさんを編み込みました。
編込みのヨークは肩回りを暖かく保ってくれます。
股下はスナップで着脱も簡単です。

- Yarn / DMC Woolly
- Size / 70
- Model's height / 72cm
- How to knit / p.54

Aran Cardigan

{ アランカーディガン }

- Yarn / DMC Natura Denim
- Size / 70
- Model's height / 75cm
- How to knit / p.56

コットンのカーディガンは、肌寒いときにさっと着せられて便利です。
広めの前立てに入れたアラン模様がポイントです。
動きやすいように、8〜9分の短めの袖丈にしています。

Aran Pullover

{ アランプルオーバー }

- Yarn / DMC Natura Denim
- Size / 80、100 の 2 サイズ
- Model's height / 105cm（100 サイズを着用）
- How to knit / p.58

カーディガンとおそろいのプルオーバーは、
着脱しやすいように後ろあきに。
ベビー用とは異なり、袖にもしっかりアラン模様を入れました。
女の子にも男の子にも似合う、大人っぽいカラーをセレクト。

Pants with Pockets

{ ポケットつきパンツ }

Yarn / DMC Natura
Size / 70、90 の 2 サイズ
Model's height / 88cm（90 サイズを着用）
How to knit / p.62

ウエストから編み下げているので、丈調節が簡単なパンツ。
股上は、サルエルパンツ風のシルエットにしています。
脇についたポケットは小さな手が入るギリギリの大きさにしました。

Pants with Skirt

{ スカートつきパンツ }

Yarn / DMC Natura
Size / 70、90 の 2 サイズ
Model's height / 91cm（90 サイズを着用）
How to knit / p.62

p.16 のパンツに、プリーツスカートを編みつけました。
活発な動きをさまたげないよう伸縮性をもたせるために、
スカートパーツは本体を編みながら拾っています。

Shoulder Strap Rompers

{ 肩ひもロンパース }

Yarn / DMC Woolly
Size / 70、90 の 2 サイズ
Model's height / 88cm（90 サイズを着用）
How to knit / p.64

胸もとのレース模様から編み下げるロンパース。
ギャザーたっぷりのパンツで体型を選びません。
肩ひもはメリヤス編みの自然な丸まりを生かして。

Lacy Tights

{ レーシータイツ }

Yarn / DMC Woolly
Size / 70、90 の 2 サイズ
Model's height / 88cm（90 サイズを着用）
How to knit / p.66

編み応えのある総レース柄ですが、小さいサイズだからこそがんばれます。
既製のストレッチ素材のものより伸縮性はないので、股下を長めにしています。
小さい子なら男女問わず履けて、ぐんとおしゃまさんになります。

Lacy Dress
{ レーシーワンピース }

p.18のロンパースのワンピースアレンジは、
シックなグリーンで。
たっぷりのギャザーなので、
もたつかないよう短めの丈に仕上げましたが、
編み下げているので、
お好みでスカート丈の調節ができます。

- Yarn / DMC Woolly
- Size / 70、90の2サイズ
- Model's height / 91cm（90サイズを着用）
- How to knit / p.68

Flower Dress

{ お花模様のワンピース }

Yarn / DMC Woolly
Size / 80、100 の 2 サイズ
Model's height / 105cm（100 サイズを着用）
How to knit / p.70

模様編みをお花に見立て、花柄のワンピースにしました。
フリル袖は、身頃から拾って引き返しながら編んでいます。
大きくなっても、身幅が入るうちはチュニックとして長く着られます。

Nordic Cardigan

{ 編込みカーディガン }

ロンパースとおそろいのカーディガン。
ロンパースとは編込み配色の濃淡を逆にすると、雰囲気が変わります。
ボタンに悩んだときは、糸の色に近い色を選んでみてください。

Yarn / DMC Woolly
Size / 80、100 の 2 サイズ
Model's height / 105cm（100 サイズを着用）
How to knit / p.74

Tilden Vest

{ チルデンベスト }

p.6のロンパースとおそろいのベスト。
コットンのベストは季節を問わず、
着丈が短いと感じるまで長く着せられます。
ネイビーは、ちょっとだけお兄さんに見せてくれます。

- Yarn / DMC Natura
- Size / 80、100の2サイズ
- Model's height / 95cm（100サイズを着用）
- How to knit / p.76

Border Pullover

{ ボーダープルオーバー }

定番のメリヤス編みのボーダーは、色選びに悩みますね。
選べる色がたくさんあると、うれしくなってしまいます。
後ろあきとボタンホールは編みやすいように工夫しました。

- Yarn / DMC Natura
- Size / 80、100の2サイズ
- Model's height / 91cm（100サイズを着用）
- How to knit / p.80

Dots Pullover

{ 水玉プルオーバー }

立体的な水玉のプルオーバーは、とても目を引きます。
糸はつれないように横に渡さず、ひとつずつ編んで糸をカットしています。
手間はかかりますが、着やすさを考えてがんばりましょう。

- Yarn / DMC Woolly
- Size / 80、100 の 2 サイズ
- Model's height / Boy 95cm Girl 105cm（100 サイズを着用）
- How to knit / p.90

Sailor Collar Cardigan

{ セーラーカラーカーディガン }

ふわふわのブークレーヤーンは編み目が見えづらいので、とじはぎなしに。
編み地が丸まらないように前端にリブ模様を入れました。
セーラー衿は、まっすぐ編むだけの簡単仕様です。

- Yarn / DMC BOUCLETTE
- Size / 80、100 の 2 サイズ
- Model's height / 105cm（100 サイズを着用）
- How to knit / p.82

Denim Yarn Pants
｛サイドリブのデニム風パンツ｝

デニムカラーのコットン糸で簡単に編めて履きやすいパンツを作りました。
ウエストから編み下げているので、丈が短くなったらリブを編み足して、
スウェットパンツ風にしてもよいですね。

- Yarn / DMC Natura Denim
- Size / 70、90 の2サイズ
- Model's height / 88cm（90 サイズを着用）
- How to knit / p.84

Shaggy Coat

{ シャギーコート }

Yarn / DMC SAMARA, DMC Cotton perle
Size / 80、100 の 2 サイズ
Model's height / 105cm（100 サイズを着用）
How to knit / p.86

糸の風合いを生かし、毛足が出て、編み地が丸まらないガーター模様に。
ボタンホールをあけながら、とじはぎなしで編んでいきます。
3 番刺繡糸でボタンホール用にリングを編み、縫いつけました。

Rabbit Cap

{うさ耳帽子}

絶対的にかわいいうさ耳のかぶりタイプの帽子を
肌触りのよいブークレーヤーンで編みました。
糸がポコポコしているので編んでいてゆるみやすいですが、
目と目の間をあけないようにしっかり編んでください。

- Yarn / DMC BOUCLETTE
- Size / 46、50 の2サイズ
- Model's height / 88cm (50サイズを着用)
- How to knit / p.88

Sack Coat

{ サックコート }

シックなカラーでも、丸衿とAラインで子どもらしさが出ます。
前立ての模様編みは編み地が縮むので、しっかり伸ばしてスチームを。
2本どりで編むので、2色の引きそろえでもかわいいですね。

- Yarn / DMC Woolly
- Size / 80、100の2サイズ
- Model's height / 95cm（100サイズを着用）
- How to knit / p.93

編み物の基礎

〔 製図の見方 〕

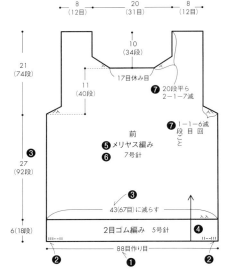

❶ 編始め位置
❷ ゴム編みの端目の記号
❸ 寸法(cm)
❹ 編む方向
❺ 編み地
❻ 使う針
❼ 計算

増す場合は減し方と同じ要領で減し目を増し目に変えます

記号図で表わした場合

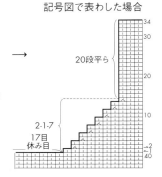

棒針編み

〔 作り目 〕

指に糸をかけて目を作る方法

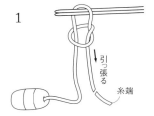

1. 糸端から編み幅の約3倍の長さのところで輪を作り、棒針をそろえて輪の中に通す

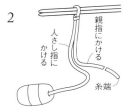

2. 輪を引き締める。1目のでき上り

3. 短いほうを左手の親指に、糸玉のほうを人さし指にかけ、右手は輪のところを押さえながら棒針を持ちます。親指にかかっている糸を図のようにすくう

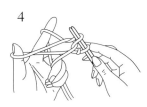

4. すくい終わったところ

5. 親指にかかっている糸をはずし、その下側をかけ直しながら結び目を締める

6. 親指と人さし指を最初の形にする。3〜6を繰り返す

7. 必要目数を作る。これを表目1段と数える

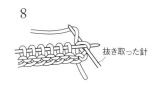

8. 2本の棒針の1本を抜き、糸のある側から2段めを編む

別糸を使って目を作る方法 (別鎖の作り目)

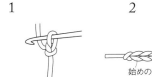

1. 編み糸に近い太さの木綿糸で、鎖編みをする

2. ゆるい目で必要目数の2、3目多く編む

3. 編み糸で、鎖の編み終わりの裏山に針を入れる

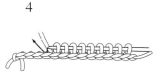

4. 必要数の目を拾う。これを1段と数える

〔編み目記号〕

｜ 表目

1. 糸を向う側におき、手前から右針を左針の目に入れる
2. 右針に糸をかけて引き出す
3. 左針から目をはずす

― 裏目

1. 糸を手前におき、左針の目の向う側から右針を入れる
2. 右針に糸をかけて引き出す
3. 左針から目をはずす

Ⅴ すべり目
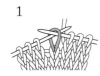

1. 糸を向う側におき、右針を向うから入れ、編まずに移す
2. 次の目を編む

Ω ねじり目

1. 向う側から右針を入れ、表目を編む
2. 1段下の目が右上でねじれる

Ω ねじり目（裏目）

向う側から針を入れ、裏目と同様に編む。1段下の目が右上でねじれる

Ω ねじり増し目

※裏目のねじり増し目は2を向うから入れて裏目で編む

1. 目と目の間の横糸を右針で矢印のようにすくい、左針に移す
2. 右針を矢印のように入れる
3. 右針に糸をかけて表目を編む。1目増える

○ かけ目

1. 糸を手前からかける
2. 次の目以降を編む。1目増える
3. 次の段を編むとかけ目のところは穴があく

入 右上2目一度
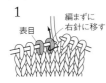

編まずに右針に移す　表目

1. 編まずに手前から入れ、編まずに移し、次の目を表目で編む
2. 次の目に移した目をかぶせる
3. 1目減る

入 右上2目一度（裏目）

1. 編まずに2目を右針に移し、向きを変えて左針に戻す
2. 2目一緒に矢印のように右針を入れて、裏目で編む
3. 1目減る

人 左上2目一度

1. 2目一緒に手前から右針を入れる
2. 糸をかけて表目で編む。1目減る

𠆢 左上2目一度（裏目）

2目一緒に右針を入れて、裏目で編む。1目減る

木 中上3目一度
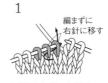

編まずに右針に移す

1. 矢印のように右針を入れ、編まずに2目を右針に移す
2. 次の目を表目で編み、移した目をかぶせる
3. 2目減る

Ｖ 右増し目
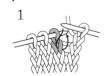

1. 右針で1段下の目をすくう
2. 表目で編む
3. 左針の目を表目で編む。目の右側に1目増える

Ｖ 左増し目
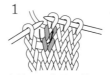

1. 左針で2段下の目をすくう
2. 表目で編む
3. 目の左側に1目増える

╳ 右上1目交差

1 左針の2目を1目めの向う側から針を入れ、表目で編む
2 左針の1目めを表目で編む
3 右の目が上に交差する

╳ 左上1目交差

1 左針の2目を1目めの手前から針を入れ、表目で編む
2 左針の1目めを表目で編む
3 左の目が上に交差する

╳ 右上2目交差

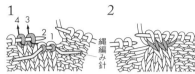

1 1と2の目を別針に移して手前に休め、3と4の目を表目で編む
2 別針で休めておいた1と2の目を表目で編む。右の2目が上に交差する

╳ 右上交差（表目と裏目）

 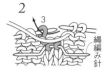

1 1と2の目を別針に移して手前に休める
2 3の目を裏目で編む
3 別針で休めておいた1と2の目を表目で編む
4 右の2目が上に交差する

╳ 左上2目交差

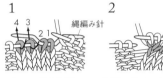

1 1と2の目を別針に移して向う側に休め、3と4の目を表目で編む
2 別針で休めておいた1と2の目を表目で編む。左の2目が上に交差する

╳ 左上交差（表目と裏目）

 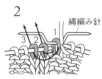

1 1の目を別針に移して向う側に休める
2 2と3の目を表目で編む
3 別針で休めておいた1の目を裏目で編む
4 左の2目が上に交差する

● 伏止め（表目）

1 端の2目を表目で編み、1目めを2目めにかぶせる
2 表目で編み、かぶせることを繰り返す
3 最後の目は引き抜いて糸を締める

● 伏止め（裏目）

1 端の2目を裏目で編み、1目めを2目めにかぶせる
2 裏目で編み、かぶせることを繰り返す
3 最後の目は引き抜いて糸を締める

編み残す引返し編み

左側

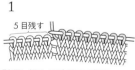

1 引返し編みの手前まで編む
2 編み地を持ち替えて、かけ目、すべり目をする
3 裏目を編む

右側

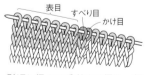

引返し編みの手前まで編む。編み地を持ち替え、かけ目、すべり目をする。表目を編む

段消し

編み残す引返し編みが終わったら、かけ目の処理をしながら1段編む（段消し）。
裏目で段消しをするときは、かけ目と次の目を入れ替えて編む

左側

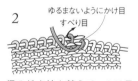

右側

表から見たところ

輪編みの1目ゴム編み止め

1
編終りの目

2

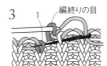
3

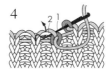
4

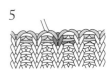
5

1の目を飛ばして2の目の手前から針を入れて抜き、1の目に戻って手前から針を入れ3の目に出す

2の目に戻って向うから入れ、4の目の向うへ出す。ここから表目どうし、裏目どうしに針を入れる

編終り側の表目に手前から針を入れて、1の目に出す

編終りの裏目に向うから針を入れ、図のようにゴム編み止めをした糸をくぐり、さらに矢印のように2の裏目に抜く

止め終わった状態

1目ゴム編み止め（両端が表目2目）

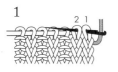
1

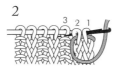
2

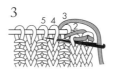
3

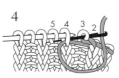
4

5

1の目は手前から、2の目は向う側から針を入れる

1の目に戻り、3の目に手前から針を入れる

ここから表目どうし、2の手前から入れ、4の向うから針を入れる

裏目どうし、3の向うから入れ、5の手前から針を入れる

3、4を繰り返し、裏目と左端の表目に針を入れる

6

左端の表目2目に図のように針を入れて出す

〔はぎ・とじ〕

引抜きはぎ

1

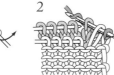
2

3

肩はぎでよく使う方法。編み地を中表にして持ち、かぎ針で手前と向う側の1目ずつをとって引き抜く

すくいとじ

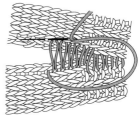

1目めと2目めの間の渡り糸を1段ずつ交互にすくう

メリヤスはぎ

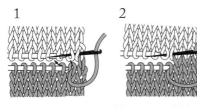
1　　2

メリヤス目を作りながらはぎ合わせていく方法。表を見ながら右から左へはぎ進む

目と段のはぎ

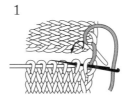
1

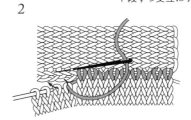
2

メリヤスはぎの要領で針を入れていく

はぎ合わせる目数より段数が多い場合は、ところどころで1目に対して2段すくい、均等にはぐ

かぎ針編み

◯ 鎖編み

1　　2　　3

いちばん基本になる編み方で、作り目や立上りに使う

鎖目からの拾い方

立上り鎖3目
台の目

鎖状になっているほうを下に向け、裏側の山に針を入れる

裏山を拾う

半目と裏山を拾う

✕ 細編み

1

2　　3

立上りに鎖1目の高さを持つ編み目。針にかかっている2本のループを一度に引き抜く

● 引抜き編み

1

2

前段の編み目の頭に針を入れ、針に糸をかけて引き抜く

Vest ｛胴着｝ photo / p.4

〔糸〕
DMC Natura ナチュラ（50g玉巻き）
ピンクベージュ（N80）75g
〔用具〕
5号輪針（60cm） 4/0号かぎ針
※輪針で往復に編む
〔ゲージ〕
模様編み 24目33段が10cm四方

〔出来上がりサイズ〕
身幅26cm 着丈27.5cm
〔編み方〕 糸は1本どりで編みます。
前後身頃は、指に糸をかける方法で175目作り目し、模様編みで減らしながら脇まで編みます。続けて、前後に分けて編みます。後ろ衿ぐりは最終段で伏止めにし、肩は休み目にします。肩を引抜きはぎにします。ひもを編み、指定の位置に縫いつけます。

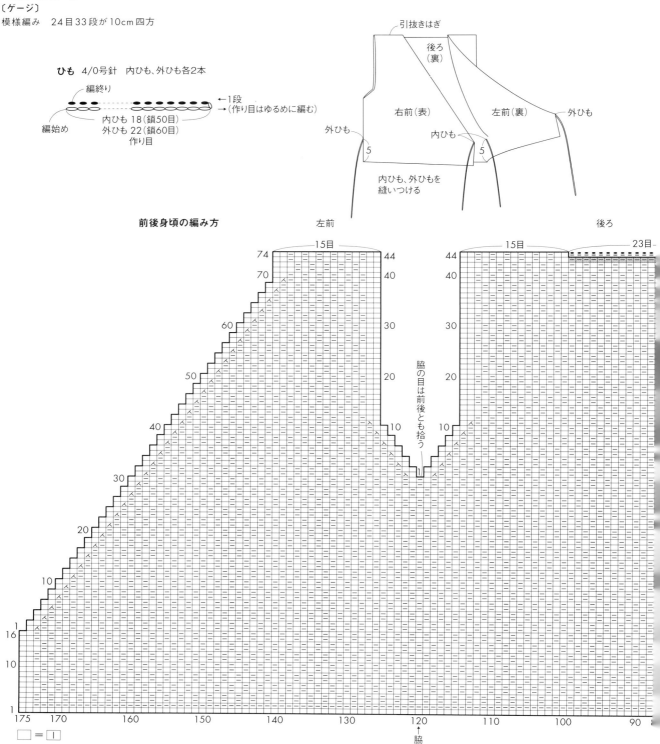

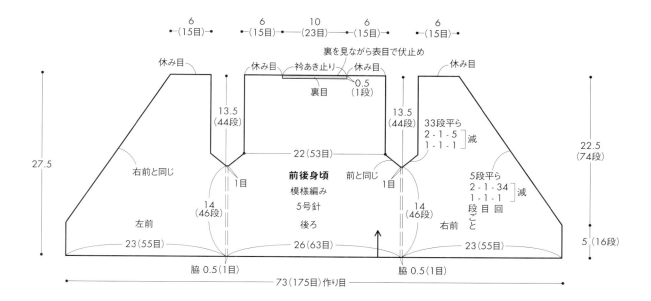
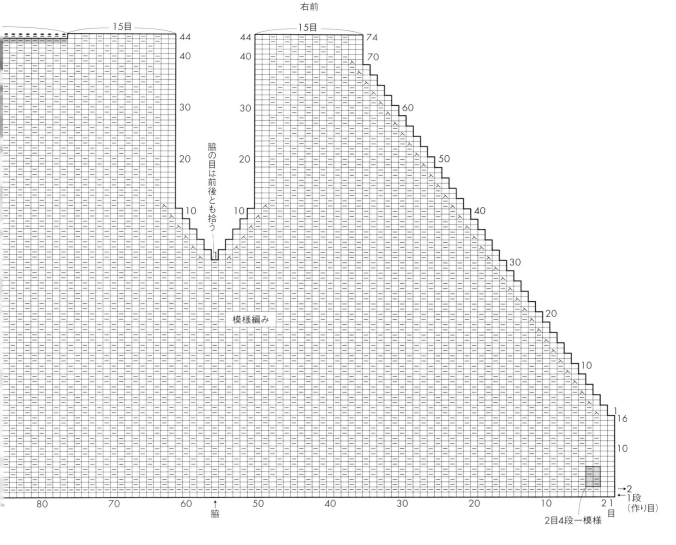

Bloomers ｛ブルマ｝ photo / p.4

〔糸〕
DMC Natura ナチュラ（50g玉巻き）
ピンクベージュ（N80）60g
〔用具〕
3号、5号4本棒針　4/0号かぎ針
〔ゲージ〕
模様編み　24目33段が10cm四方

〔出来上りサイズ〕
ヒップ50cm　深さ24.5cm
〔編み方〕　糸は1本どりで編みます。
前後パンツは、指に糸をかける方法で120目作り目して輪にし、3号針で1目ゴム編みを編みます。5号針に替え、模様編みで増減なく編みます。続けて、前後に分けて減らしながら往復に編みます。編終りは休み目にし、引抜きはぎにします。足口は、前後から輪に目を拾って1目ゴム編みで編み、編終りは1目ゴム編み止めにします。ひもを編み、指定の位置に通します。

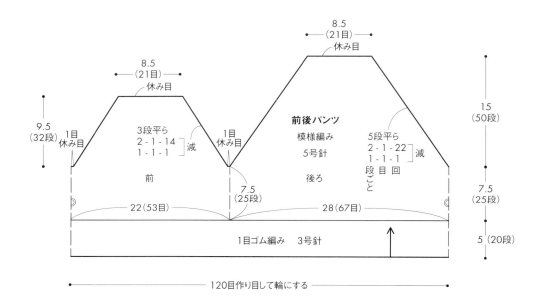

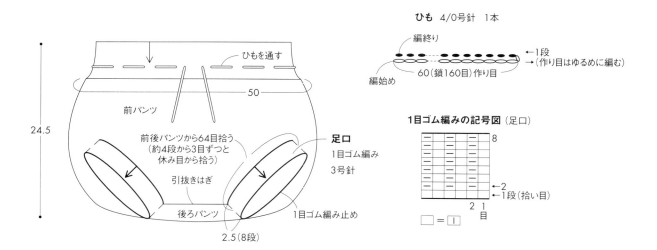

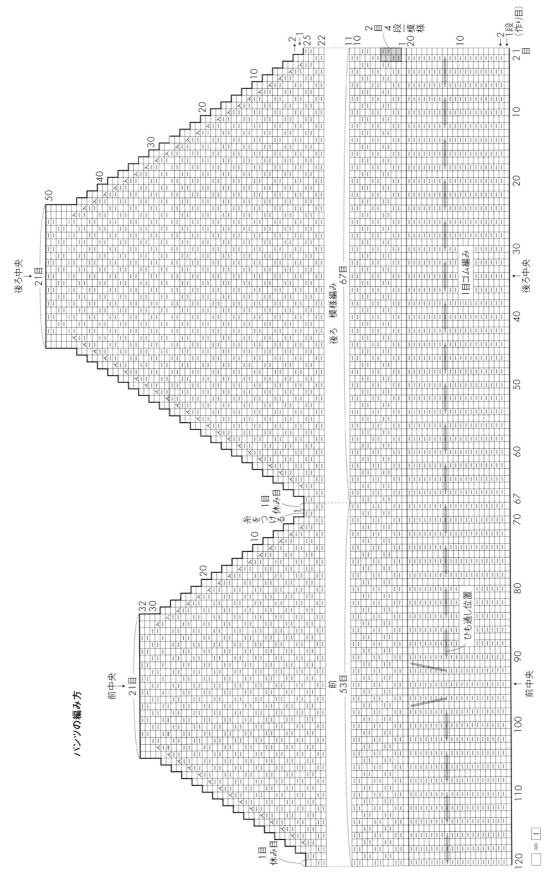

Tilden Rompers ｛チルデンロンパース｝ photo / p.6

〔糸〕
DMC Natura ナチュラ（50g玉巻き）
オフホワイト（N2） 100g
ブルーグリーン（N25）、イエロー（N83）各10g
〔用具〕
3号4本棒針　5号2本、4本棒針
〔その他〕
直径8mmのスナップ3組み
〔ゲージ〕
模様編み　　　34目31段が10cm四方
メリヤス編み　23目31段が10cm四方

〔出来上りサイズ〕
身幅26cm　背肩幅21cm　着丈37.5cm
〔編み方〕　糸は1本どり、指定の配色で編みます。
前後身頃は、別糸を使って目を作る方法で178目作り目して輪にし、3号針で1目ゴム編み（縞）を編みます。5号針に替え、模様編みを編みますが、前編始めで模様編みの1目めに戻します。脇まで増減なく編み、後ろ、左前、右前に分けて往復に編みます。袖ぐりで減らし、後ろ衿ぐりは中央の目を休めて左右に分けて減らしながら編みます。前衿ぐりは左右に分けて編みます。編終りは休み目にします。肩を引抜きはぎにします。衿ぐりは、3号針で輪に目を拾って1目ゴム編み（縞）を編みます。前中央で減らし、編終りは1目ゴム編み止めにします。袖ぐりは、輪に目を拾って1目ゴム編みで編み、編終りは1目ゴム編み止めにします。前後パンツは、前後身頃の作り目をほどいて目を拾い、5号針でメリヤス編みを輪に編みます。続けて前後に分けて、メリヤス編みとガーター編みを往復に編み、編終りは伏止めにします。足口は、前後パンツから目を拾って3号針で1目ゴム編みを編み、編終りは1目ゴム編み止めにします。スナップを縫いつけます。

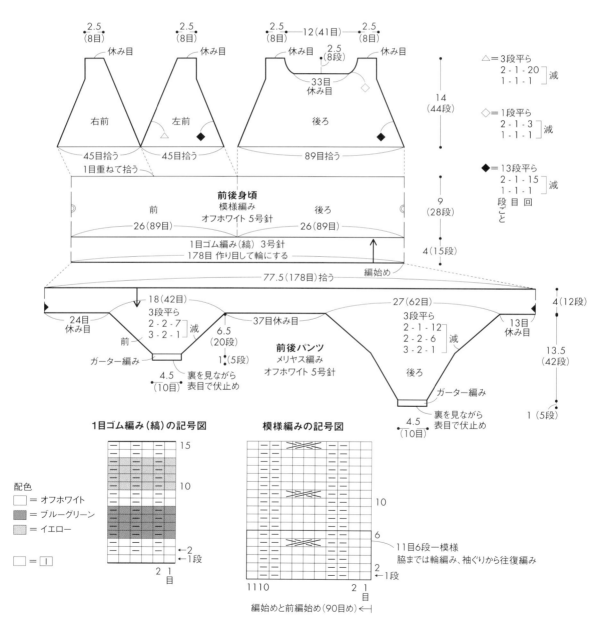

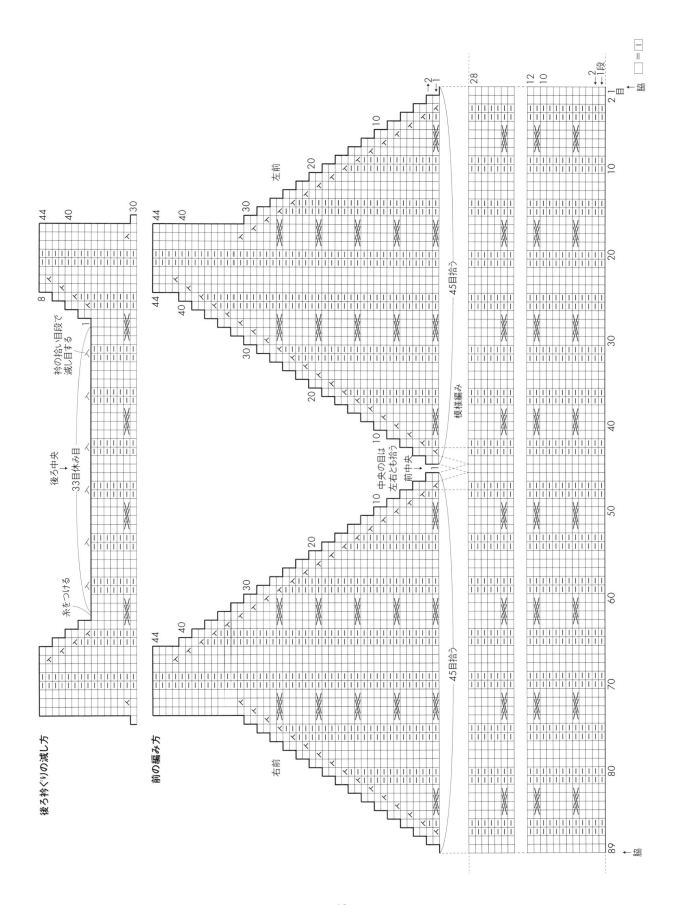

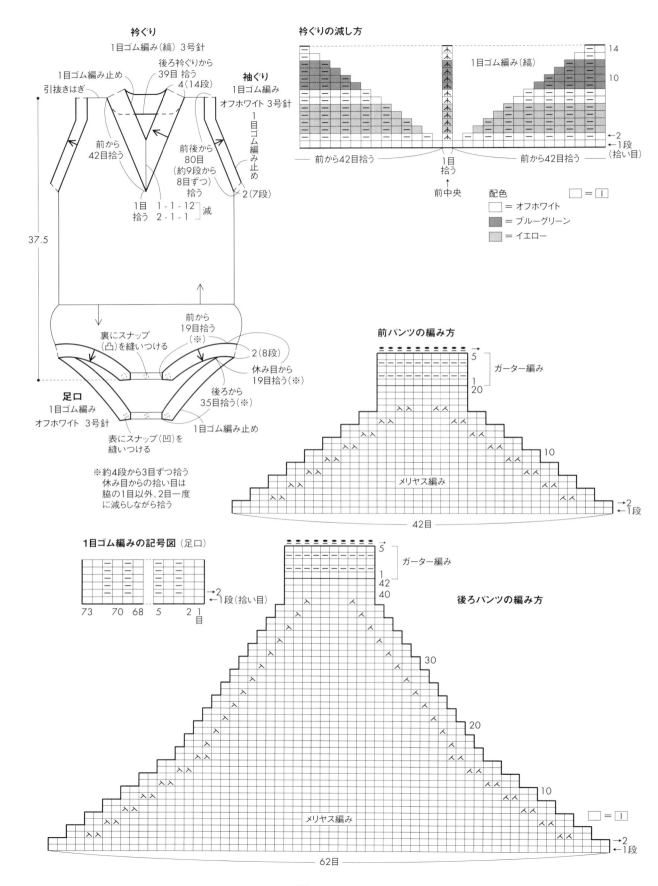

Baby Cocoon ｛ベビーコクーン｝ photo / p.8

〔糸〕
DMC BOUCLETTE ブークレット（50g玉巻き）
ビンテージブルー（7）130g、デニム（107）35g
〔用具〕
12号4本棒針　5号2本棒針
〔ゲージ〕
変りゴム編み　11.5目18段が10cm四方
〔出来上りサイズ〕
周囲62.5cm　長さ70.5cm
〔編み方〕　糸は、本体はビンテージブルーとデニムの2本どり、コサージュはデニム1本どりで編みます。
本体は、指に糸をかける方法で72目作り目して輪にし、メリヤス編みと変りゴム編みで増減なく編みます。続けて、図のように減らしながら編みます。編終りの目に糸を通して絞ります。コサージュはA、Bともに指に糸をかける方法で作り目し、図のように増しながらメリヤス編みを編み（最終段は裏目）、編終りは伏止めにします。A、Bの順に、中表に巻いて根もとを固定し、本体の指定の位置にとじつけます。

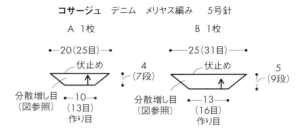

コサージュの編み方

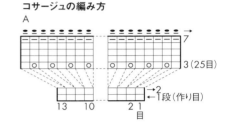

コサージュの作り方

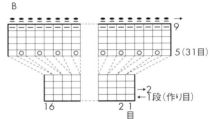

本体の編み方

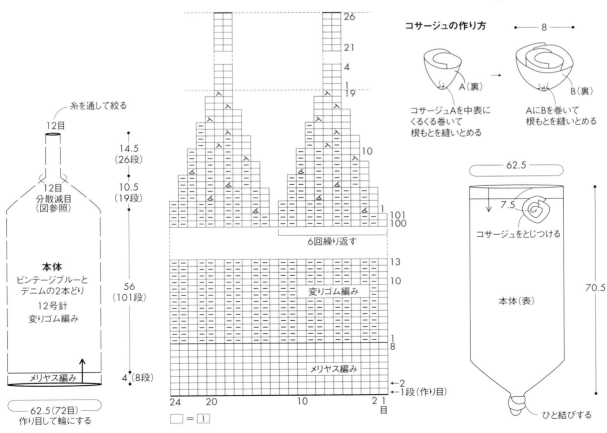

Belted Cap ｛ベルトつき帽子｝ photo / p.10

〔糸〕
DMC Woollyウーリー（50g玉巻き）
カーキ（83）
46サイズ：50g　50サイズ：60g
コットンパール3番刺繡糸
オレンジ（922）各サイズ5g
〔用具〕
5号、7号2本棒針
〔その他〕
直径2cmのボタン2個
〔ゲージ〕
模様編みA　24目が10cm、16段が5cm
メリヤス編み　23目31.5段が10cm四方

〔出来上りサイズ〕
首回り　46サイズ：33cm　50サイズ：37cm
深さ　46サイズ：23.5cm　50サイズ：26cm
〔編み方〕　ベルトとポンポンはウーリーとコットンパールの2本どりで、本体はウーリー1本どりで編みます。
本体は、指に糸をかける方法で作り目し、5号針で模様編みAを編みます。7号針に替え、メリヤス編みと模様編みBで、後ろ中央で増しながら編みます。編終りは半分の目数に分けて休み目にし、引抜きはぎにします。ベルトは本体と同様に作り目し、模様編みCでボタン穴を作りながら編みます。編終りは減らしながら伏止めにします。ベルトにボタンをのせて本体に縫いつけます。指定の位置にボタンをつけます。ポンポンを作り、トップに縫いつけます。

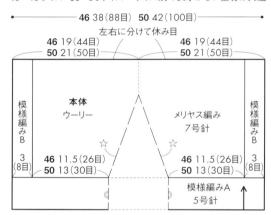

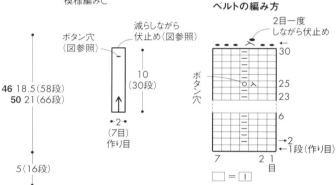

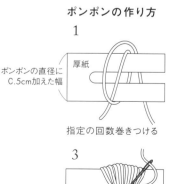

ポンポンの作り方

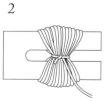
1　指定の回数巻きつける

2　別糸で中央を固結びする

3　結んだ糸をくぐらせる。両側の輪をカットする

4　丸くカットする。帽子のトップにつける

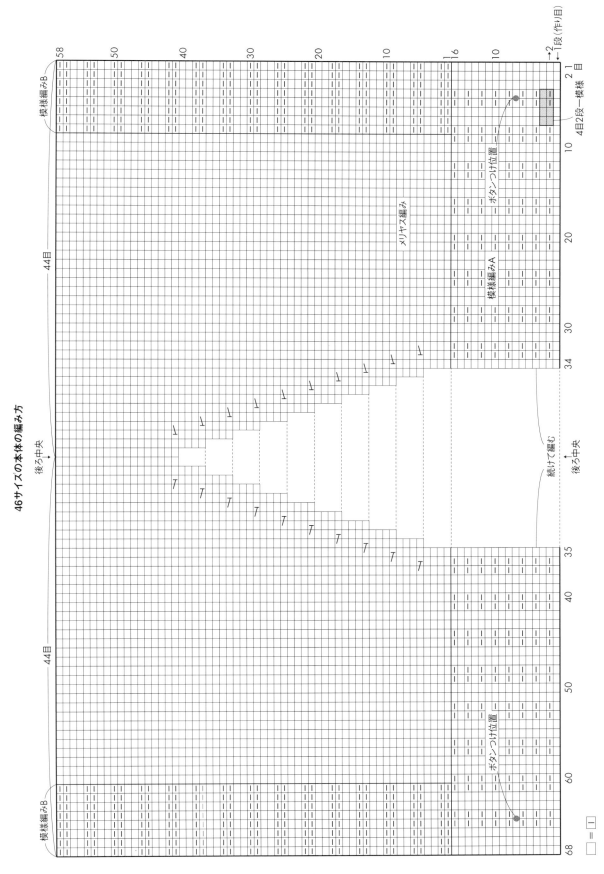

Nordic Rompers ｛編込みロンパース｝ photo / p.12

〔糸〕
DMC Woolly ウーリー（50g玉巻き）
イエロー（91）160g、オフホワイト（3）20g

〔用具〕
4号、6号4本棒針、輪針（60cm）

〔その他〕
直径1.5cmのボタン3個
直径0.8cmのスナップ7組み

〔ゲージ〕
メリヤス編みの編込み模様　22目29.5段が10cm四方
メリヤス編み　22目29段が10cm四方

〔出来上りサイズ〕
身幅27cm　着丈50.5cm　ゆき丈29cm

〔編み方〕糸は1本どり、指定以外はイエローで編みます。
衿ぐりは、指に糸をかける方法で75目作り目し、4号針で1目ゴム編みを編みます。6号針に替え、ヨークをメリヤス編みの編込み模様（p.75参照）で増しながら編みますが、両端5目は前立てを1目ゴム編みで編み、左前立てにはボタン穴を作ります。編終りは後ろ、袖、前・前立てに分けて休み目にします。別糸の鎖編みを2本用意します。後ろ、別鎖の作り目、右前、前立て5目（左前を上に重ねる）、左前、別鎖の作り目の順に拾って、メリヤス編みを輪に編みます。パンツは、身頃から目を拾ってメリヤス編みと1目ゴム編みで往復に編み、編終りは前段と同じ記号で伏止めにします。袖は、別鎖をほどいて半分の目、ヨークの休み目、別鎖の残りの半分の目の順に拾って、メリヤス編みと1目ゴム編みで輪に編み、編終りは前段と同じ記号で伏止めにします。縁編みは、前後の股下から目を拾ってガーター編みを編み、編終りは伏止めにします。右前立てにボタンをつけます。縁編みにスナップをつけます。

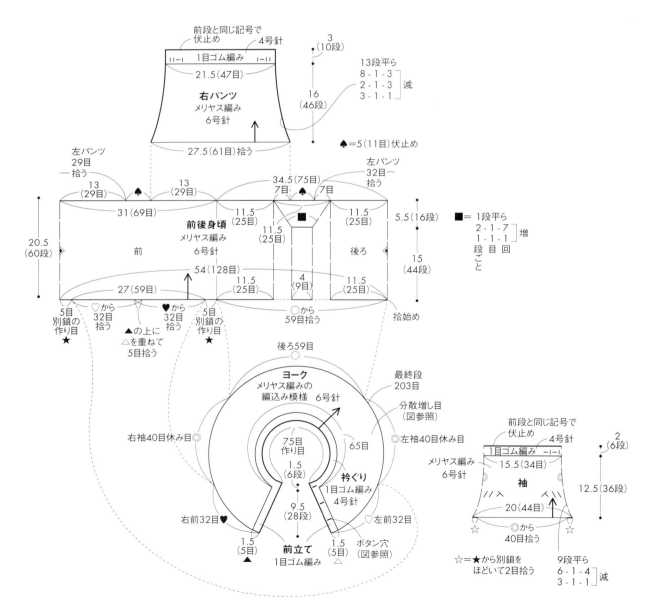

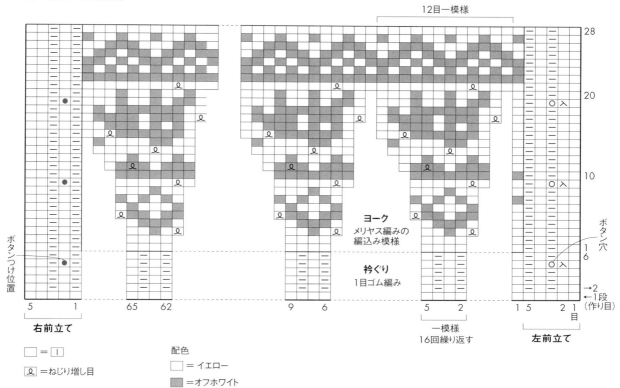

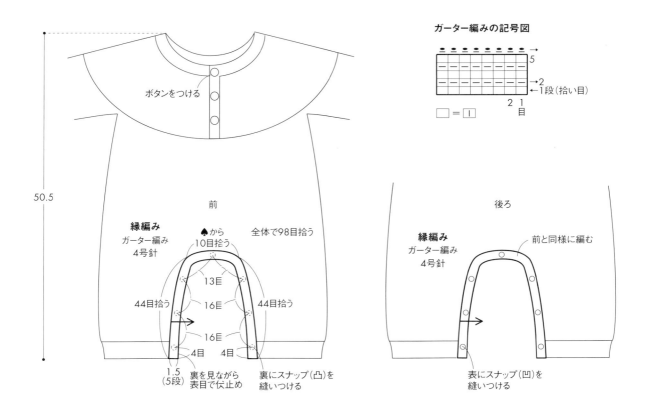

Aran Cardigan ｛アランカーディガン｝ photo / p.14

〔糸〕
DMC Natura Denim ナチュラデニム（50g玉巻き）
ユーズドブルー（137）140g

〔用具〕
5号、7号2本棒針

〔その他〕
直径1.5cmのボタン3個

〔ゲージ〕
メリヤス編み　18目25段が10cm四方

〔出来上りサイズ〕
身幅29.5cm　着丈23.5cm　ゆき丈28.5cm

〔編み方〕　糸は1本どりで編みます。
後ろは、指に糸をかける方法で作り目し、5号針で1目ゴム編みを編みます。7号針に替え、メリヤス編みを増減なく編みます。後ろ衿ぐりはガーター編みで編み、中央の19目は最終段で伏止めにし、編終りは休み目にします。前は、後ろと同様に作り目し、右前は1目ゴム編みとガーター編み、メリヤス編みで編みます。左前は模様編みを配置し、ボタン穴を作りながら編みます。前衿ぐりは減らしながら伏止めにし、編終りは休み目にします。肩を引抜きはぎにします。袖は、身頃から目を拾って、両端2目を立てて減らしながら編みます。続けて、1目ゴム編みを編み、編終りは前段と同じ記号で伏止めにします。脇、袖下をすくいとじにします。右前にボタンをつけます。

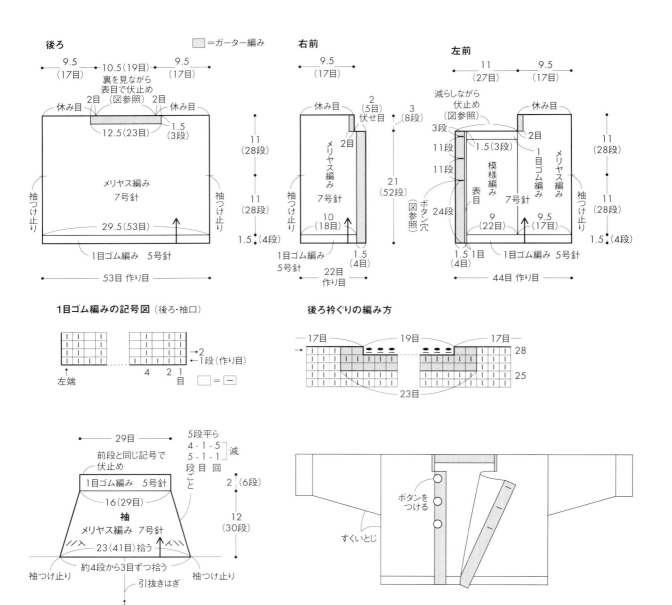

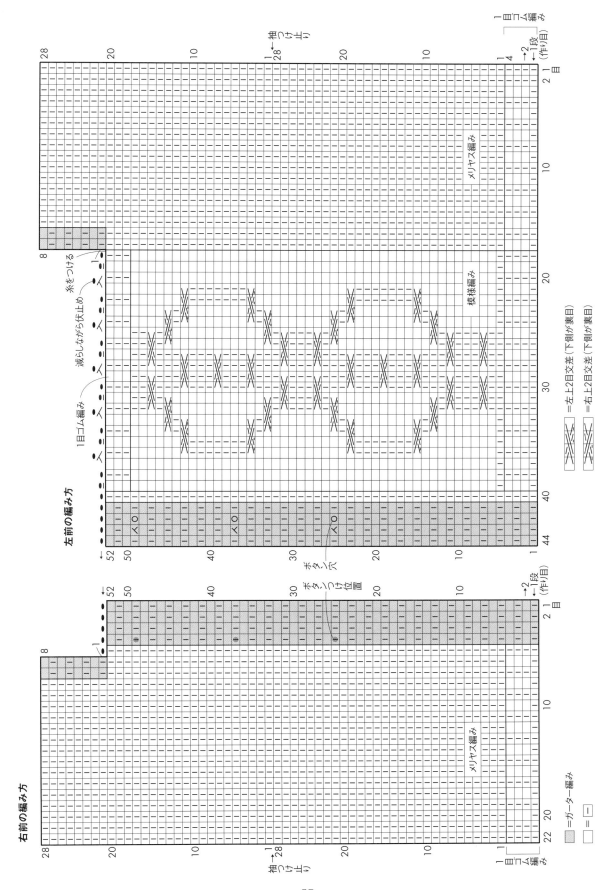

Aran Pullover ｛アランプルオーバー｝ photo / p.15

〔糸〕
DMC Natura DENIM ナチュラデニム (50g玉巻き)
ベージュ×オフホワイトのミックス (133)
80サイズ：230g　100サイズ：310g
〔用具〕
5号輪針(40cm) ※輪針で往復に編む
7号2本棒針
〔その他〕
直径1.5cmのボタン1個
〔ゲージ〕
模様編み　25目25段が10cm四方

〔出来上りサイズ〕
身幅　80サイズ：29cm　100サイズ：31cm
着丈　80サイズ：30cm　100サイズ：36cm
ゆき丈　80サイズ：34.5cm　100サイズ：41cm

〔編み方〕糸は1本どりで編みます。
後ろは、指に糸をかける方法で作り目し、5号針で1目ゴム編みを編みます。7号針に替えて1段めで増し、模様編みを増減なく脇まで編みます。袖ぐりは伏止めにし、後ろ衿あきは左右に分けて編みます。編終りは肩と衿ぐりに分けて休み目にします。前は、後ろと同様に作り目して編み、衿ぐりは中央の目を休め、左右に分けて減らしながら編みます。肩を引抜きはぎにします。袖は、身頃から目を拾って減らしながら模様編みと1目ゴム編みで編み、編終りは前段と同じ記号で伏止めにします。衿ぐりは、前後の指定の位置で図のように減らしながら目を拾って1目ゴム編みで編みますが、指定の位置にボタン穴を作ります。編終りは1目ゴム編み止めにします。脇、袖下をすくいとじにします。後ろ衿ぐりにボタンをつけます。

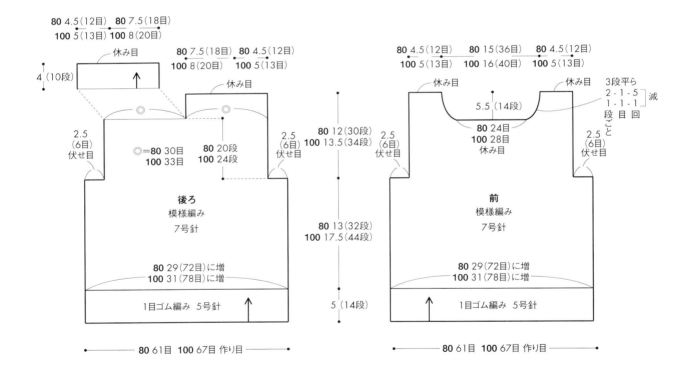

1目ゴム編みの記号図

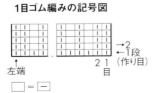

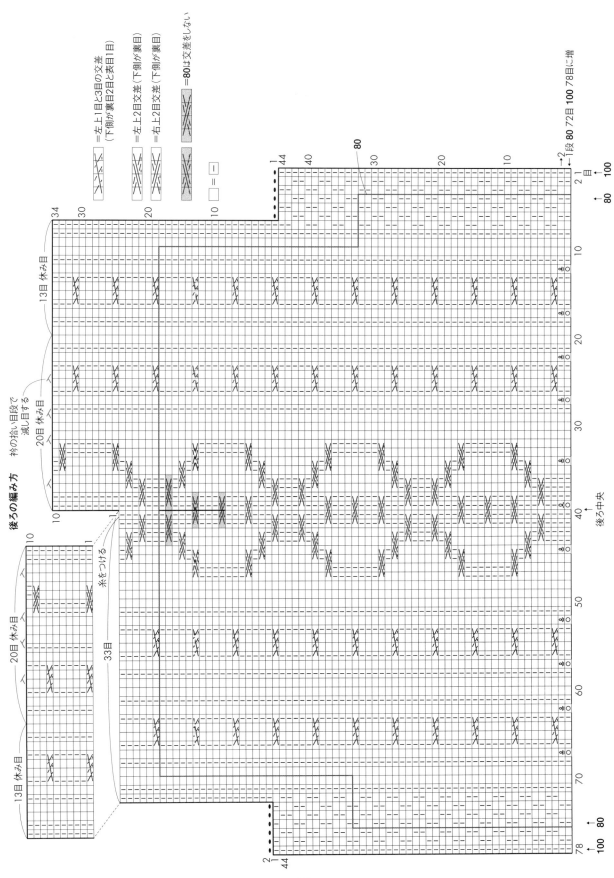

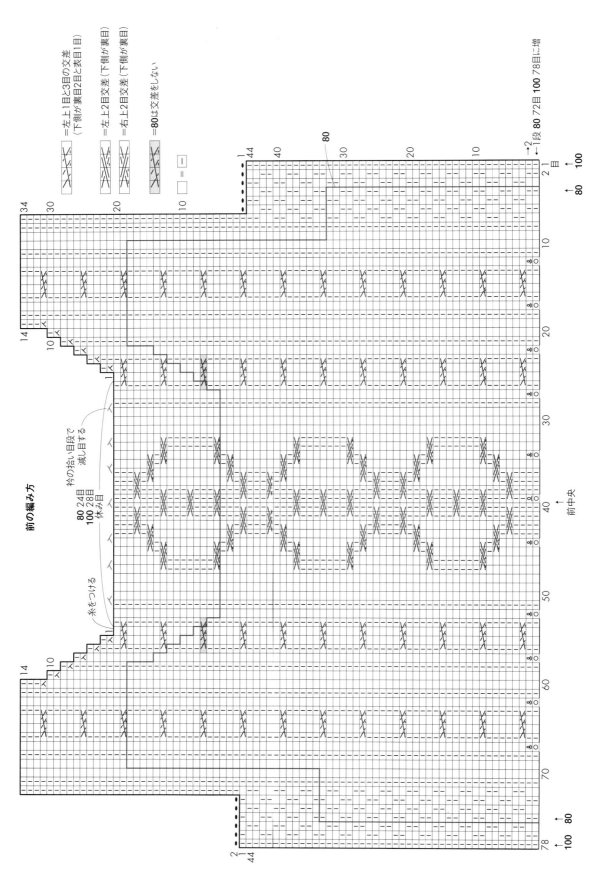

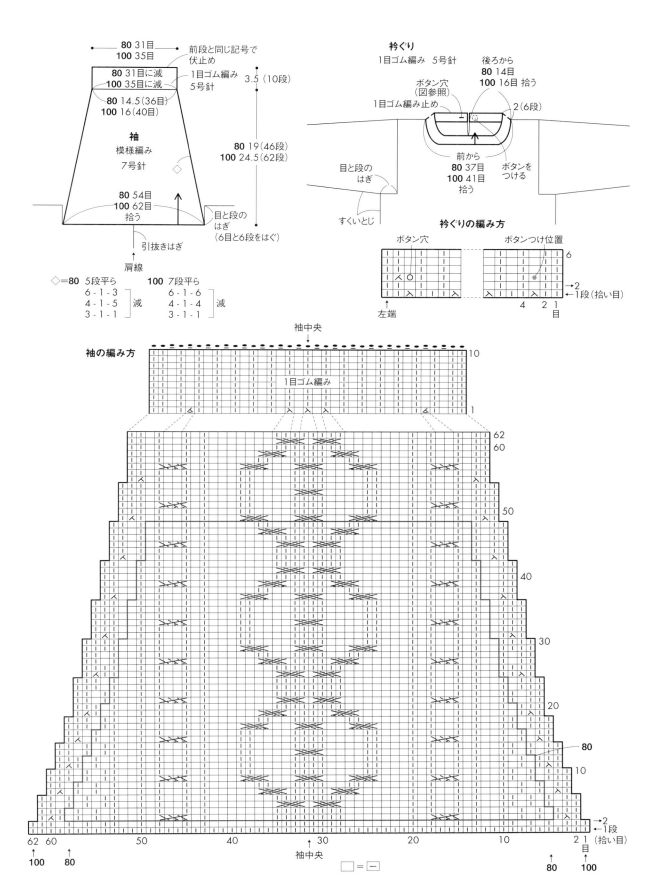

Pants with Pockets ｛ポケットつきパンツ｝ photo / p.16
Pants with Skirt ｛スカートつきパンツ｝ photo / p.17

〔糸〕
DMC Natura ナチュラ（50g玉巻き）
p.16 / ライム（N12）
70サイズ：75g　90サイズ：90g
p.17 / ローズピンク（N07）
70サイズ：90g　90サイズ：110g
〔用具〕
p.16 / 3号4本棒針　4号4本棒針、輪針（60cm）
　　　4/0号かぎ針
p.17 / 3号4本棒針
　　　4号、5号4本棒針、輪針（60cm）
　　　4/0号かぎ針
〔ゲージ p.16、17共通〕
メリヤス編み　24目31.5段が10cm四方
2目ゴム編み　30目が10cm、16段が4.5cm

〔出来上がりサイズ p.16、17共通〕
ヒップ　　　70サイズ：55cm　90サイズ：60cm
パンツ丈　　70サイズ：30.5cm　90サイズ：35cm
〔編み方〕　糸は1本どりで編みます。
p.16 / ベルトは、指に糸をかける方法で作り目して輪にし、3号針で2目ゴム編みを編みます。股上は、4号針に替えて1段で増し、メリヤス編みで編んで最終段の☆部分で減らし、編終わりは休み目にします。☆どうしを引抜きはぎにします。股下は、股上から輪に目を拾い、メリヤス編みを編みます。続けて、足口を2目ゴム編みで編み、編終わりは前段と同じ記号で伏止めにします。ポケットを2枚編み、指定の位置に半返し縫いでつけます。ひもを編み、指定の位置に通します。
p.17 / スカートは、指に糸をかける方法で作り目して輪にし、増しながら模様編みを編みます。編終わりは前段と同じ記号で伏止めにします。ベルトと股上は、p.16のポケットつきパンツと同様に編み、股上のスカートつけ位置まで編んだらスカートを重ね、スカートの2段目と股上の目を2目一緒に編みます。以降、ポケットつきパンツと同様に足口まで編みます。ひもを編み、指定の位置に通します。

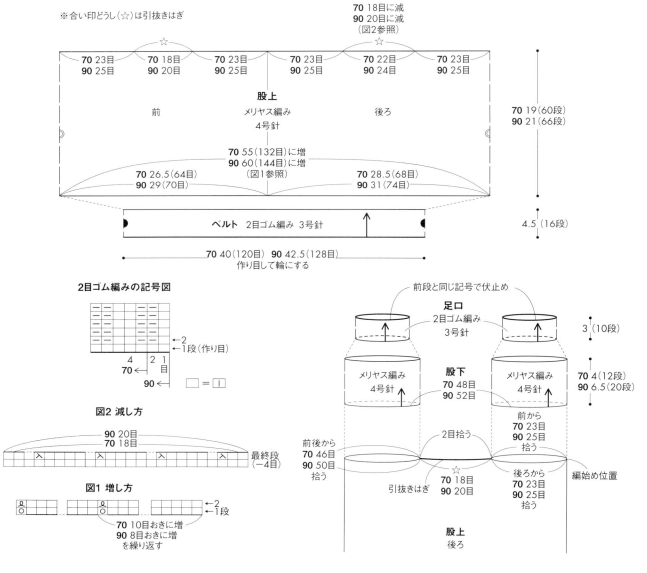

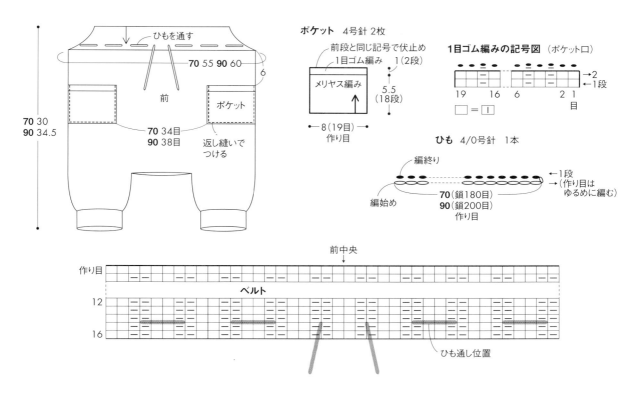

Pants with Skirt { スカートつきパンツ }

70=70サイズ **90**=90サイズ サイズ別の表示がない部分は共通

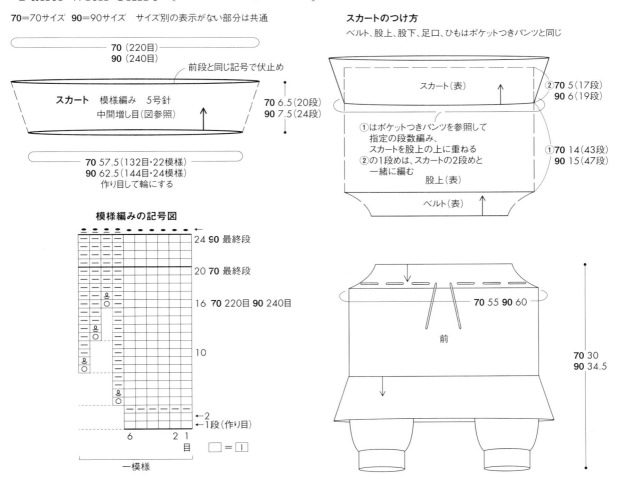

Shoulder Strap Rompers ｛肩ひもロンパース｝ photo / p.18

〔糸〕
DMC Woolly ウーリー（50g玉巻き）
ミルクティー（111）
70サイズ：185g　90サイズ：240g
〔用具〕
4号2本、4本棒針
7号4本棒針、輪針（60cm）
〔ゲージ〕
模様編み　　　　　　23目38段が10cm四方
メリヤス編み（7号針）21目29段が10cm四方

〔出来上りサイズ〕
身幅　70サイズ：25cm　90サイズ：28cm
着丈　70サイズ：47cm　90サイズ：54cm
〔編み方〕糸は1本どりで編みます。
後ろヨークは、指に糸をかける方法で作り目し、4号針で1目ゴム編みを増減なく編み（最終段は表目）、模様編みで増しながら編み（最終段は裏目）、編終りは休み目にします。前ヨークも同様に編みます。股上は、7号針に替え、前後ヨークから目を拾って、メリヤス編みを輪に、図の位置で増して編みます。★どうしを引抜きはぎにします。股下は、左右に分けてメリヤス編みで減らしながら編み、続けて2目ゴム編みを編みます。編終りは前段と同じ記号で伏止めにします。肩ひもは、指定の位置から目を拾ってメリヤス編みで編み、編終りは減らしながら伏止めにします。

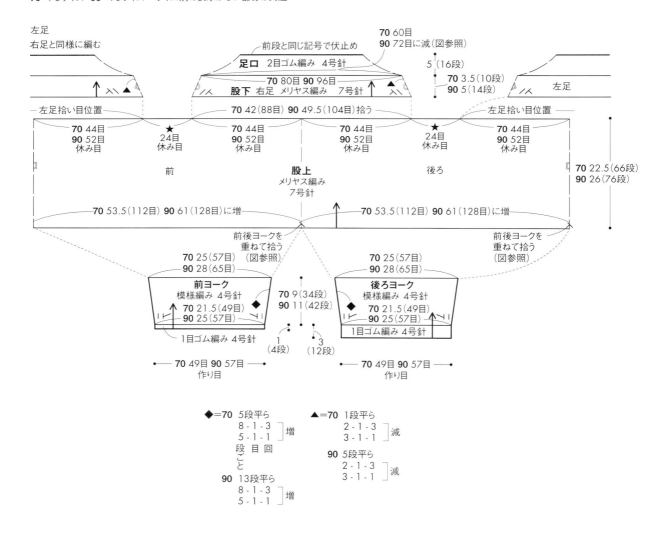

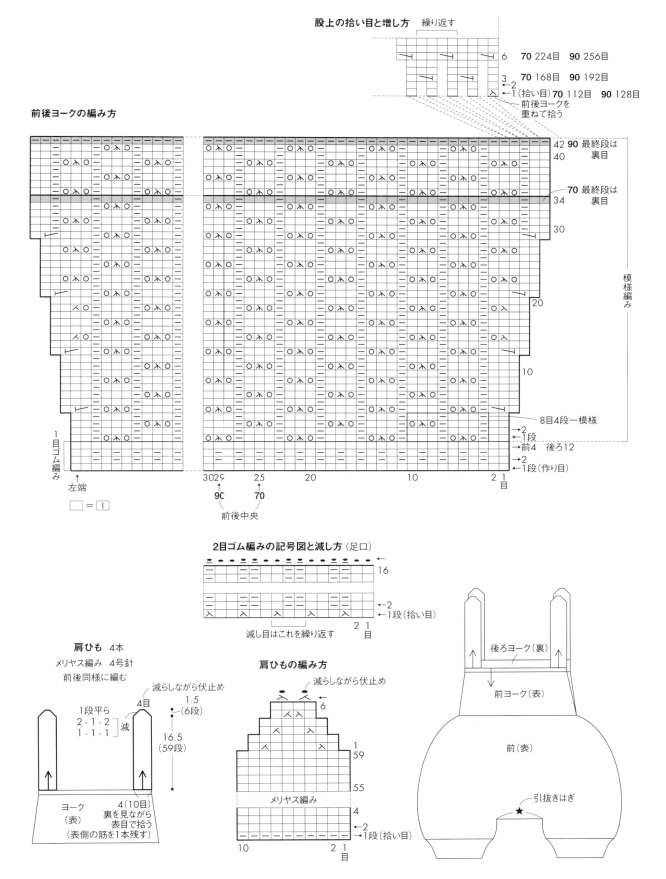

Lacy Tights ｛レーシータイツ｝ photo / p.19

〔糸〕
DMC Woolly ウーリー（50g玉巻き）
カフェオレ（112）
70サイズ：85g　90サイズ：110g
〔用具〕
4号4本棒針、輪針（40cm）
〔その他〕
幅1cmのゴムテープ
70サイズ：38cm　90サイズ：40cm
〔ゲージ〕
メリヤス編み　23目31段が10cm四方
模様編み　27目35段が10cm四方

〔出来上りサイズ〕
ウエスト　70サイズ：36cm　90サイズ：38cm
ヒップ　　70サイズ：41cm　90サイズ：43.5cm
股下　　　70サイズ：22.5cm　90サイズ：29cm
〔編み方〕　糸は1本どりで編みます。
ベルトは、指に糸をかける方法でゆるく作り目して輪にし、メリヤス編みで編みます（最終段は裏目）。続けて股上を編みますが、前は増減なく、後ろは増しながら編みます。前を休み目にし、まちを減らしながら往復に編みます。前中央の☆どうしをメリヤスはぎにします。股下は、左右に分けて拾い目し、模様編みで編みます。かかとは、メリヤス編みで図のように増減しながら往復に編みます。続けて、甲は模様編み、底とつま先はメリヤス編みで輪に編みます。編終りは休み目にし、メリヤスはぎにします。ゴムテープをはさんでベルトの始末をします。

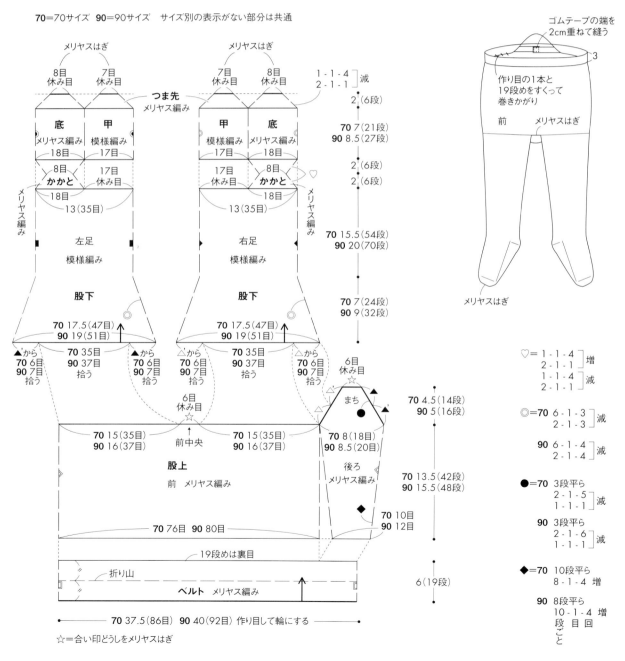

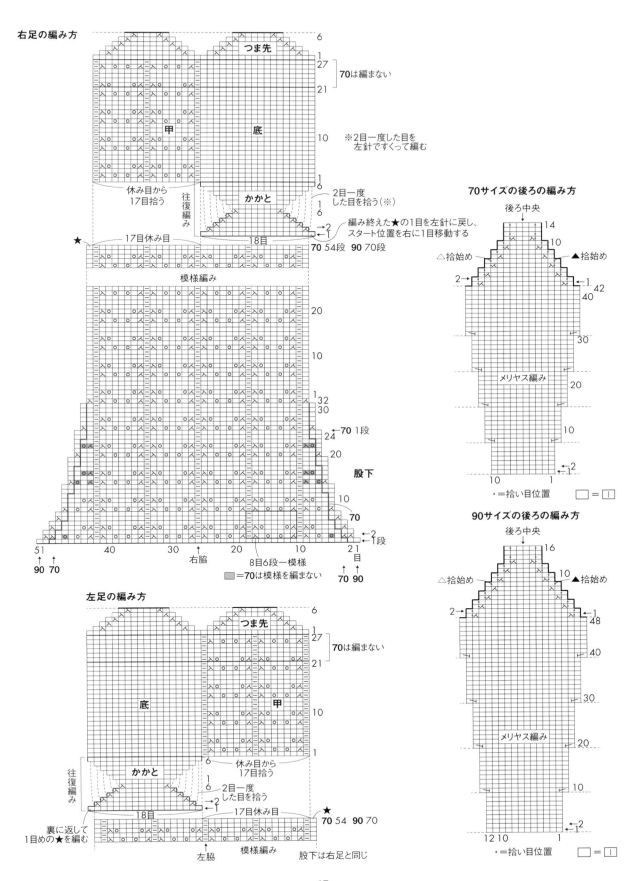

Lacy Dress {レーシーワンピース} photo / p.20

〔糸〕
DMC Woolly ウーリー（50g玉巻き）
モスグリーン（82）
70サイズ：180g 90サイズ：245g
〔用具〕
4号4本棒針、輪針（60cm）
7号4本棒針、輪針（60cm） 5/0号かぎ針
〔ゲージ〕
模様編み 23目38段が10cm四方
メリヤス編み 21目29段が10cm四方

〔出来上りサイズ〕
身幅 70サイズ：25cm 90サイズ：27.5cm
着丈 70サイズ：37.5cm 90サイズ：45.5cm
ゆき丈 70サイズ：31cm 90サイズ：41cm
〔編み方〕糸は1本どりで編みます。
衿ぐりは、指に糸をかける方法で作り目して輪にし、4号針でヨークを1目ゴム編み（最終段は表目）で編みます。続けて、模様編みで増しながら編みます（最終段は裏目）。編終りは後ろ、袖、前に分けて休み目にします。別糸の鎖編みを2本用意します。前後スカートは7号針に替え、ヨークの後ろ、別鎖の作り目、前、別鎖の作り目の順に拾ってメリヤス編みで輪に、図の位置で増して編みます。続けて、ガーター編みを編み、編終りは伏止めにします。袖は、別鎖の作り目をほどいて半分の目、ヨークの休み目、別鎖の残り半分の目の順に輪に拾って、メリヤス編みと1目ゴム編みで編み、編終りは前段と同じ記号で伏止めにします。ひもを編み、指定の位置に縫いつけます。

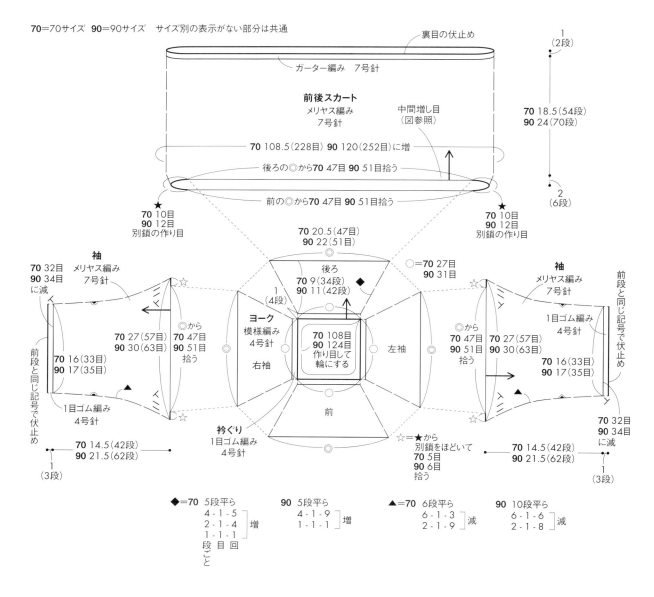

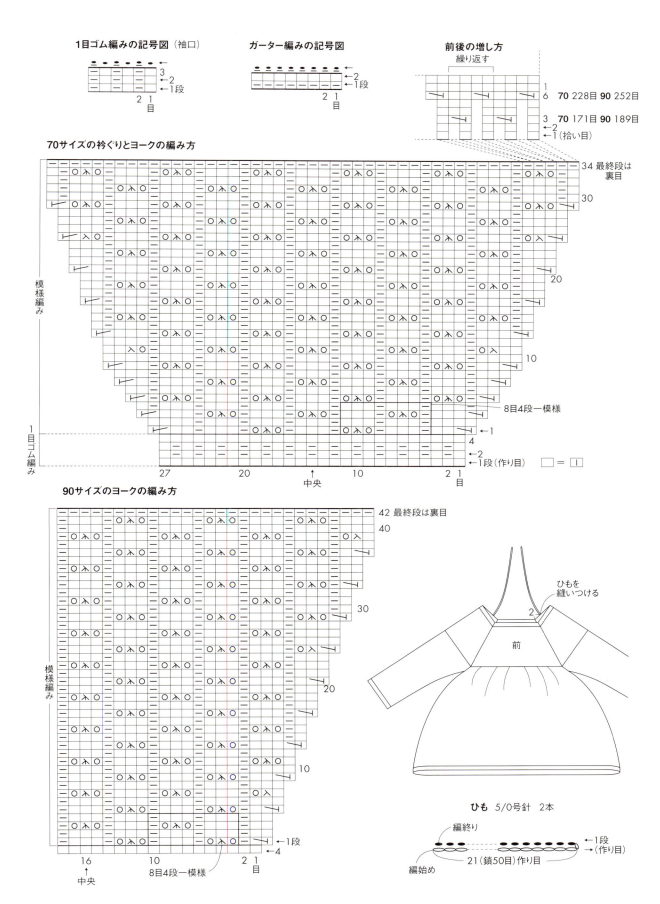

Flower Dress ｛お花模様のワンピース｝ photo / p.22

〔糸〕
DMC Woolly ウーリー（50g玉巻き）
レッド（51）
80サイズ：145g　100サイズ：185g
〔用具〕
6号2本棒針　4号輪針（40cm）※輪針で往復に編む
5/0号かぎ針
〔その他〕
直径1.5cmのボタン1個
〔ゲージ〕
模様編みA、B　21目29段が10cm四方

〔出来上りサイズ〕
身幅　80サイズ：32cm　100サイズ：35cm
着丈　80サイズ：40cm　100サイズ：48cm
〔編み方〕　糸は1本どり、指定の配色で編みます。
後ろは、指に糸をかける方法で作り目し、模様編みA、Bで編みます。衿あきは、左右に分けて減らしながら編み、編終りは休み目にします。前は、後ろと同様に編みますが、前衿ぐりは中央の目を休めて左右に分けて減らしながら編み、編終りは休み目にします。肩を引抜きはぎにします。衿ぐりは、前後から目を拾ってガーター編みで編み、編終りは伏止めにします。後ろあきに引抜き編みを編み、続けてボタンループを編みます。フリルは、指定の位置から糸を通し、1段めは通した糸を拾って編みます。中間増し目と引返し編みで編み、続けてガーター編みを編んで伏止めにします。脇をすくいとじにします。後ろ衿ぐりにボタンをつけます。

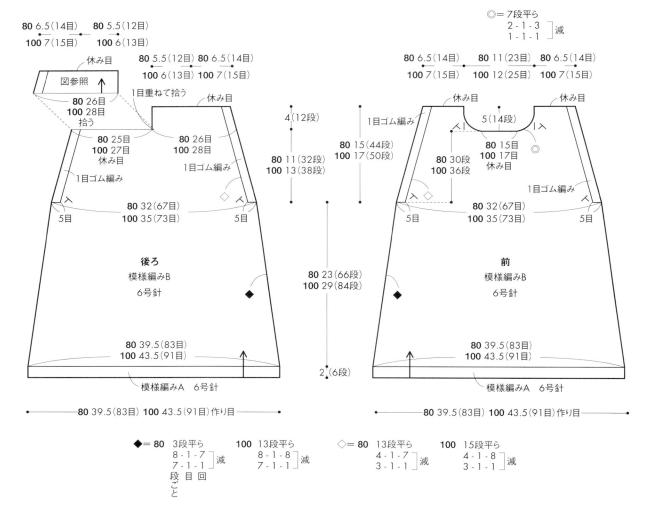

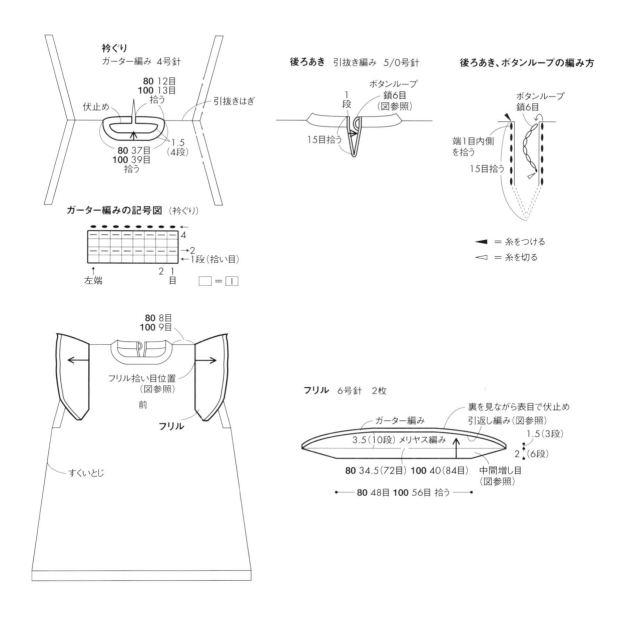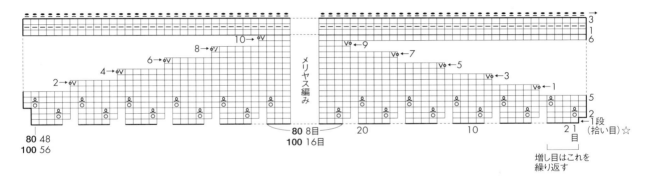

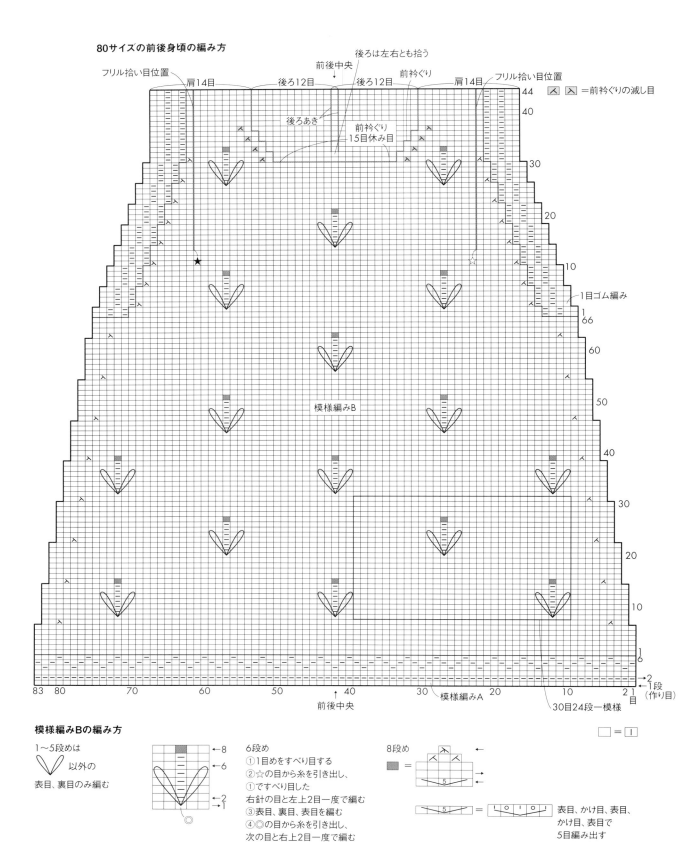

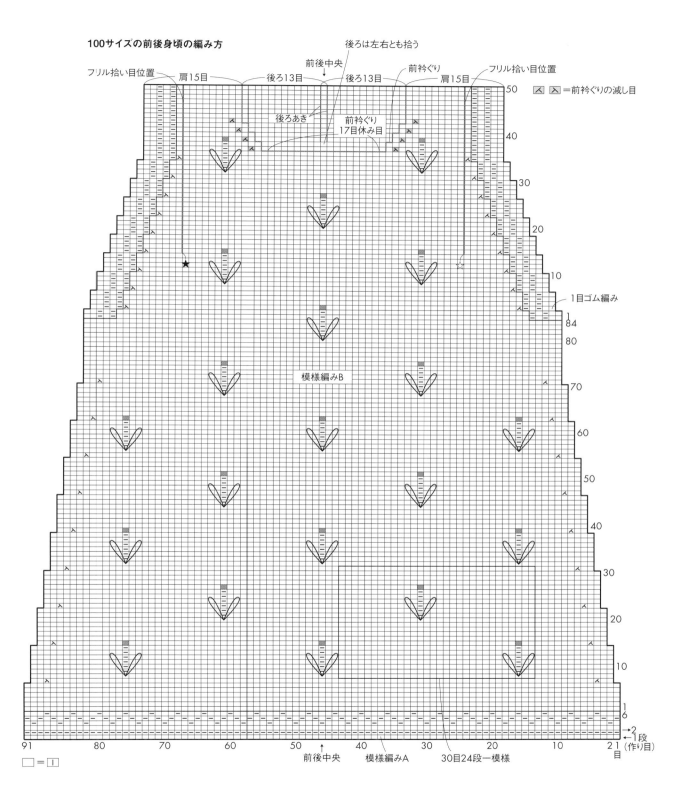

Nordic Cardigan ｛編込みカーディガン｝ photo / p.24

〔糸〕
DMC Woolly ウーリー（50g玉巻き）
ライトグレー（121）
80サイズ：125g　100サイズ：165g
マゼンタピンク（54）各サイズ20g

〔用具〕
4号、6号4本棒針、輪針（60cm）

〔その他〕
直径1.5cmのボタン5個

〔ゲージ〕
メリヤス編みの編込み模様
22目が10cm、28段が9.5cm
メリヤス編み　22目29段が10cm四方

〔出来上りサイズ〕
身幅　80サイズ：32cm　100サイズ：34.5cm
着丈　80サイズ：28cm　100サイズ：32cm
ゆき丈　80サイズ：35.5cm　100サイズ：44cm

〔編み方〕糸は1本どり、指定以外はライトグレーで編みます。
衿ぐりは、指に糸をかける方法で作り目し、4号針で1目ゴム編みを編み、6号針に替え、ヨークをメリヤス編みの編込み模様で増しながら編み、続けてメリヤス編みを増減なく編みます。編終りは左前、左袖、後ろ、右袖、右前に分けて休み目にします。別糸の鎖編みを2本用意します。前後身頃は、ヨークの左前、別鎖の作り目、後ろ、別鎖の作り目、右前の順に拾ってメリヤス編みと1目ゴム編みを増減なく編み、編終りは前段と同じ記号で伏止めにします。袖は、別鎖の作り目をほどいて半分の目を拾い、ヨークの休み目、別鎖の残り半分の目の順に拾ってメリヤス編みと1目ゴム編みで輪に編み、編終りは前段と同じ記号で伏止めにします。前立ては、ヨークと前から目を拾って、1目ゴム編みを編みますが、左前にはボタン穴を作ります。編終りは前段と同じ記号で伏止めにします。右前立てにボタンをつけます。

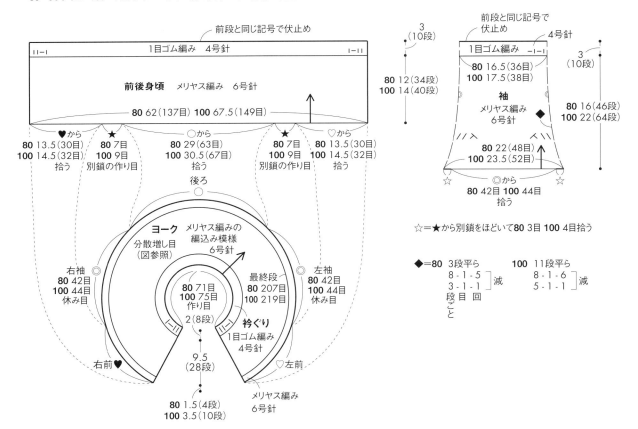

74

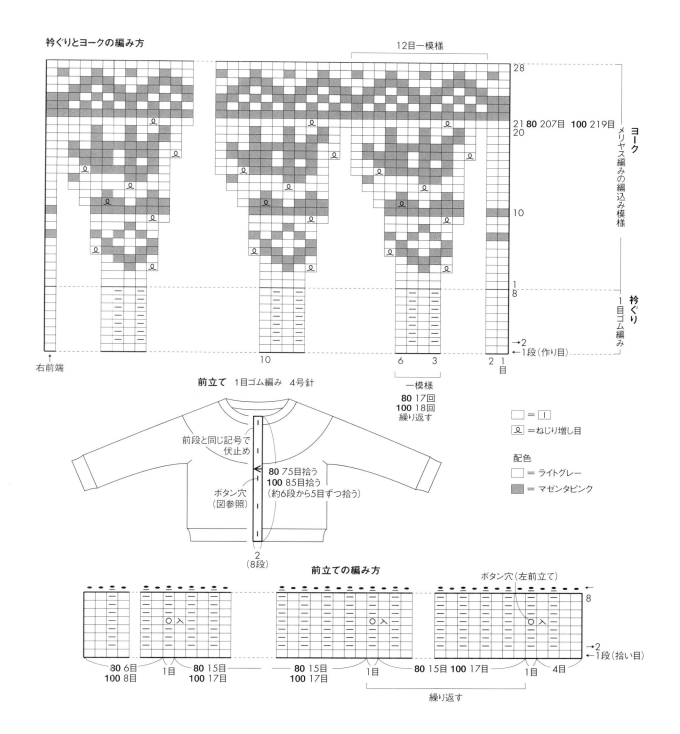

糸を横に渡す編込み

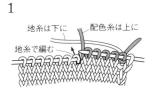
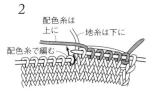
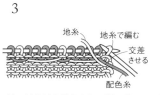
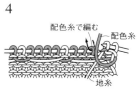

Tilden Vest ｛チルデンベスト｝ photo / p.26

〔糸〕
DMC Natura ナチュラ（50g玉巻き）
ネイビー（N28）
80サイズ：95g　100サイズ：130g
レッドオークル（N18）各サイズ10g
オフホワイト（N2）各サイズ10g

〔用具〕
3号、5号4本棒針、輪針（40cm）

〔ゲージ〕
模様編み　34目31段が10cm四方

〔出来上りサイズ〕
身幅　　80サイズ：29cm　100サイズ：31cm
着丈　　80サイズ：30.5cm　100サイズ：38cm
背肩幅　80サイズ：23cm　100サイズ：24.5cm

〔編み方〕　糸は1本どり、指定の配色で編みます。
前後身頃は、指に糸をかける方法で作り目して輪にし、3号針で1目ゴム編み（縞）を編みます。5号針に替え、模様編みを編みますが、100サイズは前編始めで模様編みの1目めに戻します。脇まで増減なく編み、後ろ、左前、右前に分けて往復に編みます。袖ぐりで減らし、後ろ衿ぐりは中央の目を休めて左右に分けて減らしながら編みます。前衿ぐりは左右に分けて編み、編終りは休み目にします。肩を引抜きはぎにします。衿ぐりは、身頃から輪に目を拾って1目ゴム編み（縞）で編みます。前中央で減らし、編終りは1目ゴム編み止めにします。袖ぐりは、身頃から輪に目を拾って1目ゴム編みで編み、編終りは1目ゴム編み止めにします。

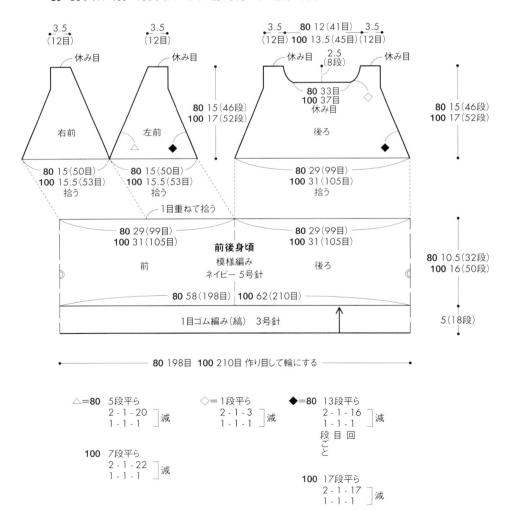

1目ゴム編み(縞)の記号図

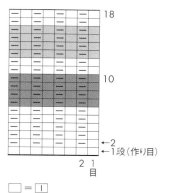

□ = |

配色
□ = ネイビー
■ = レッドオークル
▨ = オフホワイト

模様編みの記号図

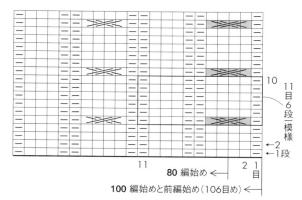

▨ = 80の編始めと脇は表目で編む

1目ゴム編みの記号図(袖ぐり)

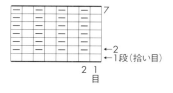

衿ぐりの減し方

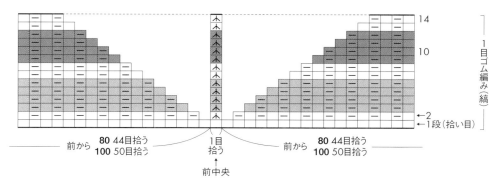

77

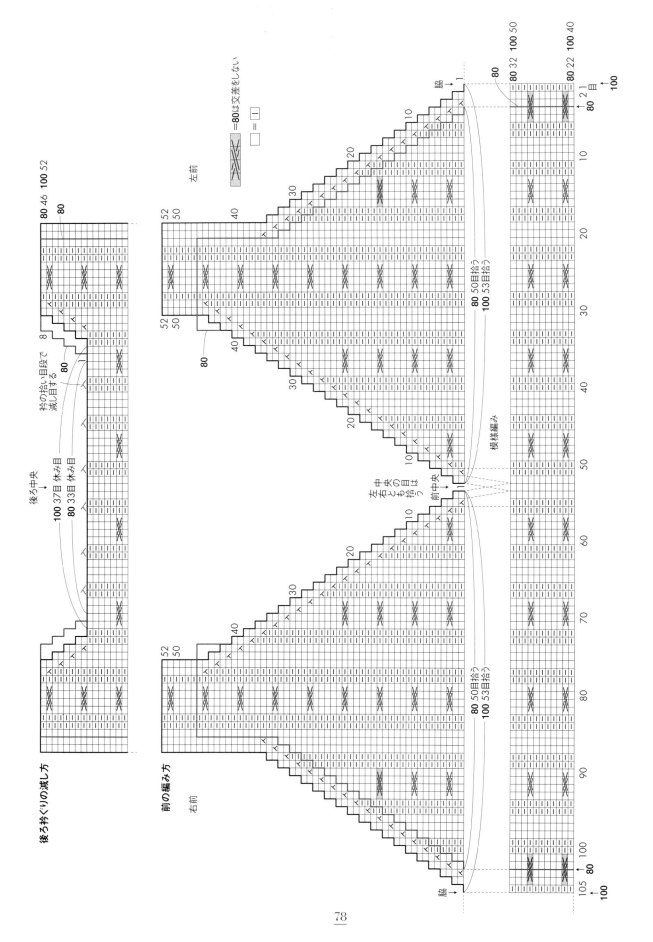

Baby Bootie ｛ベビーブーティ｝ photo / p.9

〔糸〕
DMC Natura ナチュラ（50g玉巻き）
イエロー（N83）25g

〔用具〕
4号4本棒針　3/0号かぎ針

〔ゲージ〕
ガーター編み　24目が10cm、42段が9cm

〔出来上がりサイズ〕
底丈9cm

〔編み方〕　糸は1本どりで編みます。
かかとは、指に糸をかける方法で9目作り目し、メリヤス編みで減らしながら編み、編終りは伏止めにします。糸は切らずにそのまま側面をかかとの指定の位置から目を拾いながらガーター編みで編みます。編終りは伏止めにします。つま先をすくいとじと巻きかがりはぎで合わせます。リングモチーフを編み、指定の位置に縫いつけます。同じものをもう1枚編み、左右対称にとじます。

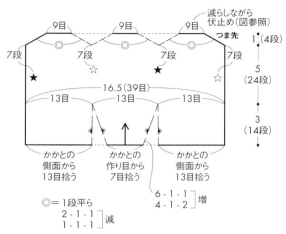

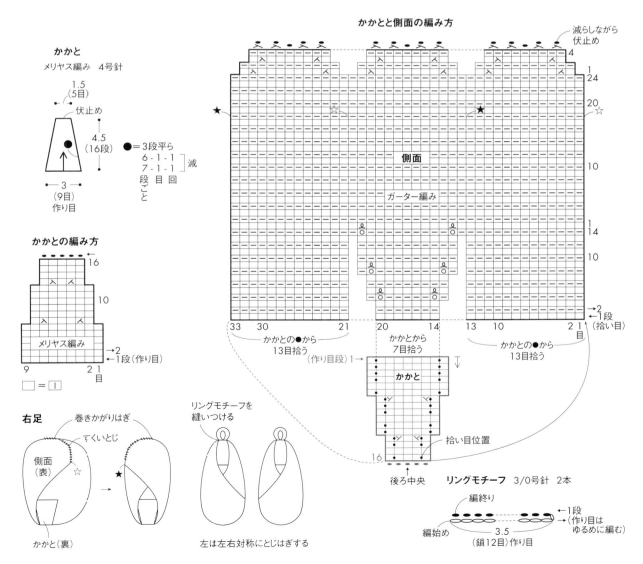

Border Pullover ｛ボーダープルオーバー｝ photo / p.28

〔糸〕
DMC Natura ナチュラ（50g玉巻き）
オフホワイト（N2）
80サイズ：95g　100サイズ：125g
パープル（N59）
80サイズ：35g　100サイズ：45g
〔用具〕
5号2本棒針　3号2本、4本棒針
〔その他〕
直径1.2cmのボタン1個
〔ゲージ〕
メリヤス編み（縞）23.5目31段が10cm四方

〔出来上りサイズ〕
身幅　　80サイズ：31cm　　100サイズ：34.5cm
着丈　　80サイズ：34.5cm　100サイズ：39.5cm
背肩幅　80サイズ：27cm　　100サイズ：29cm
ゆき丈　80サイズ：36.5cm　100サイズ：46cm

〔編み方〕糸は1本どり、指定の配色で編みます。
後ろは、指に糸をかける方法で作り目し、3号針で1目ゴム編みを編みます。5号針に替え、メリヤス編みとメリヤス編み（縞）を増減なく脇まで編みます。袖ぐりは端2目立てて減らします。後ろあきは、左右に分けて増しながら編み、編終りは肩の目と衿ぐりに分けて休み目にします。前は、後ろと同様に編み、前衿ぐりは、中央の目を休め、左右に分けて減らしながら編みます。肩を引抜きはぎにします。袖は、身頃から目を拾い、増減しながらメリヤス編みとメリヤス編み（縞）と1目ゴム編みを編み、編終りは伏止めにします。衿ぐりは、身頃から目を拾って1目ゴム編みを編み、指定の位置にボタン穴を作ります。編終りは1目ゴム編み止めにします。脇、袖下をすくいとじにします。後ろ衿ぐりにボタンをつけます。

80＝80サイズ　100＝100サイズ　サイズ別の表示がない部分は共通

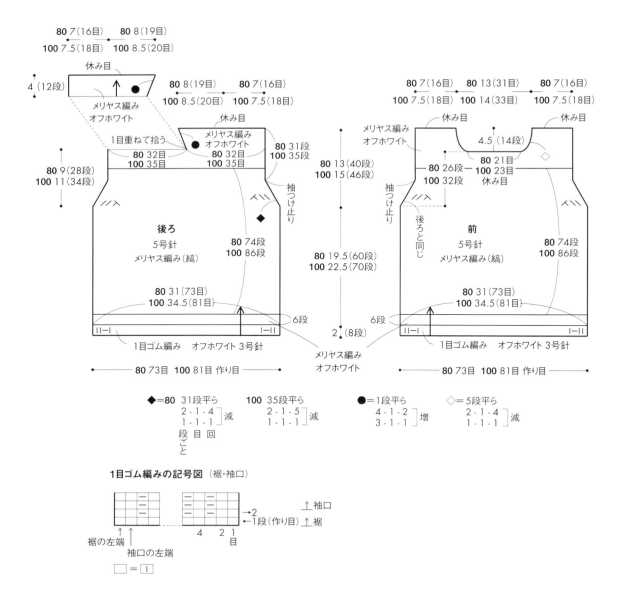

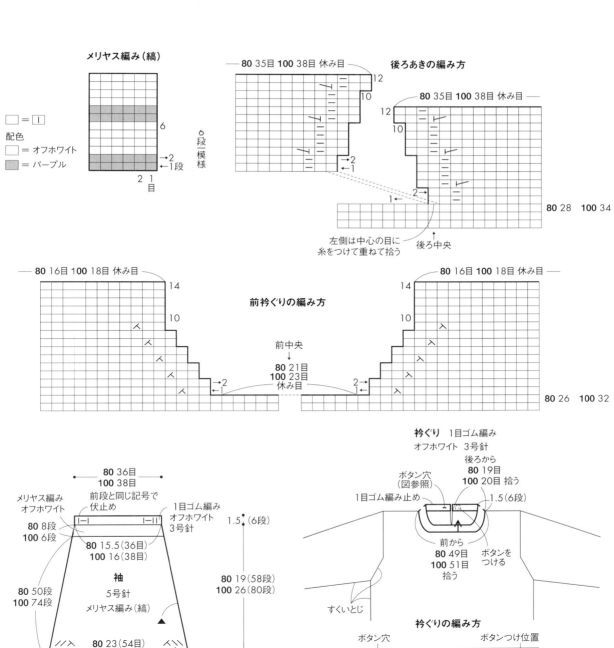
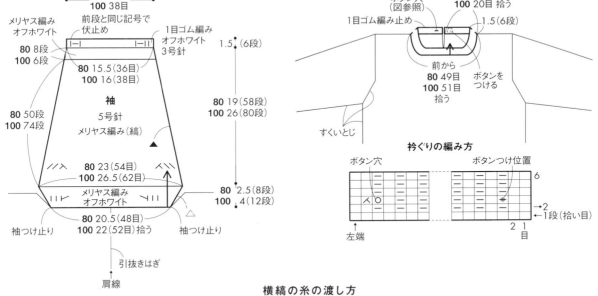
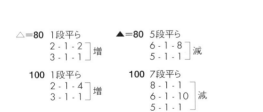
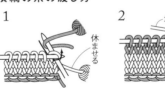

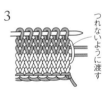

Sailor Collar Cardigan ｛セーラーカラーカーディガン｝ photo / p.32

〔糸〕
DMC BOUCLETTE ブークレット（50g玉巻き）
プラム（136）
80サイズ：100g　100サイズ：140g
〔用具〕
5号4本棒針
7号4本棒針、輪針（80cm）
※輪針で往復に編む
6/0号かぎ針
〔ゲージ〕
裏メリヤス編み　15目24段が10cm四方

〔出来上りサイズ〕
身幅　80サイズ：30cm　100サイズ：32.5cm
着丈　80サイズ：27.5cm　100サイズ：34cm
ゆき丈　80サイズ：34cm　100サイズ：42.5cm

〔編み方〕　糸は1本どりで編みます。

前後身頃は、指に糸をかける方法で作り目し、5号針で裾の1目ゴム編みを編みます。7号針に替え、続けて前立ては1目ゴム編み、前後身頃は裏メリヤス編みを増減なく脇まで編み、編終りは休み目にします。袖は、身頃と同様に作り目して輪にし、1目ゴム編みを編み、袖下で増しながら裏メリヤス編みを編みます。編終りは休み目にします。ヨークは、前後身頃と袖から目を拾い、裏メリヤス編みと1目ゴム編みを減らしながら編みます。5号針に替え、衿を1目ゴム編みで編み、編終りは前段と同じ記号で伏止めにします。ひもを編み、指定の位置に縫いつけます。

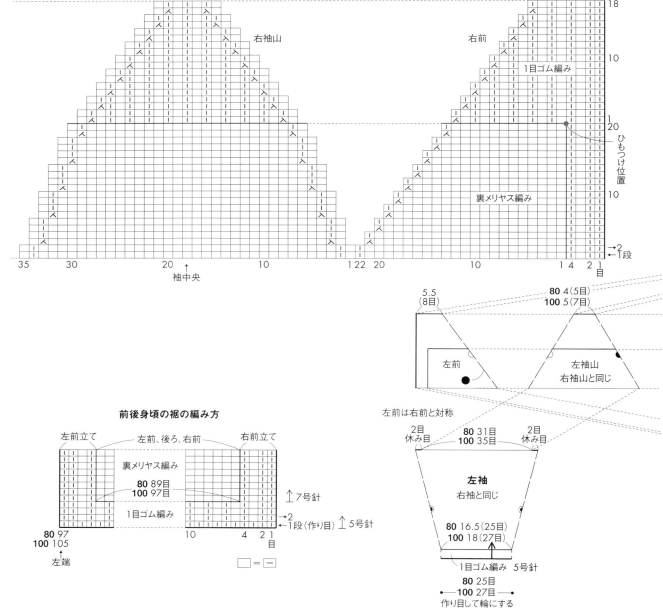

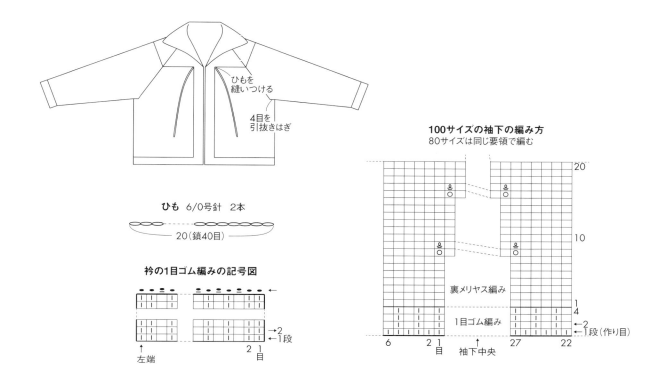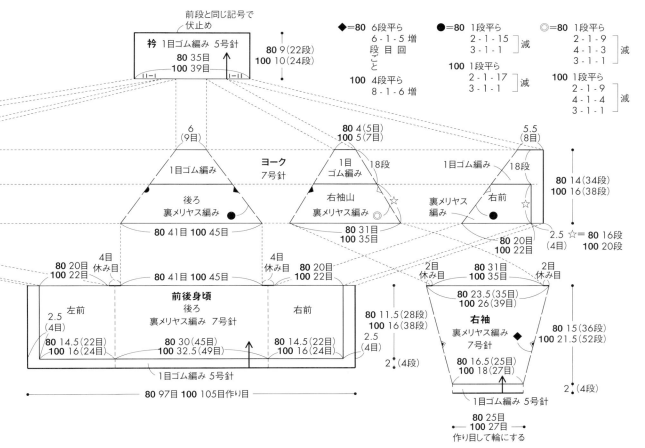

Denim Yarn Pants ｛サイドリブのデニム風パンツ｝ photo / p.34

〔糸〕
DMC Natura Denim ナチュラデニム（50g玉巻き）
インディゴ（07）
70サイズ：135g　90サイズ：185g
〔用具〕
8号4本棒針
〔その他〕
幅1cmのゴムテープ
70サイズ：40cm　90サイズ：43cm
〔ゲージ〕
メリヤス編み　18目24段が10cm四方

〔出来上がりサイズ〕
ウエスト　70サイズ：38cm　90サイズ：41cm
ヒップ　　70サイズ：57cm　90サイズ：63cm
パンツ丈　70サイズ：35cm　90サイズ：47cm
〔編み方〕　糸は1本どりで編みます。
ベルトは、指に糸をかける方法でゆるく作り目して輪にし、メリヤス編みで編みます（最終段は裏目）。続けて、股上は模様編みAとメリヤス編みで増しながら編みます。股下は左右に分けて減らしながら編み、模様編みBを増減なく編み、編終りは前段と同じ記号で伏止めにします。ゴムテープをはさんでベルトの始末をします。

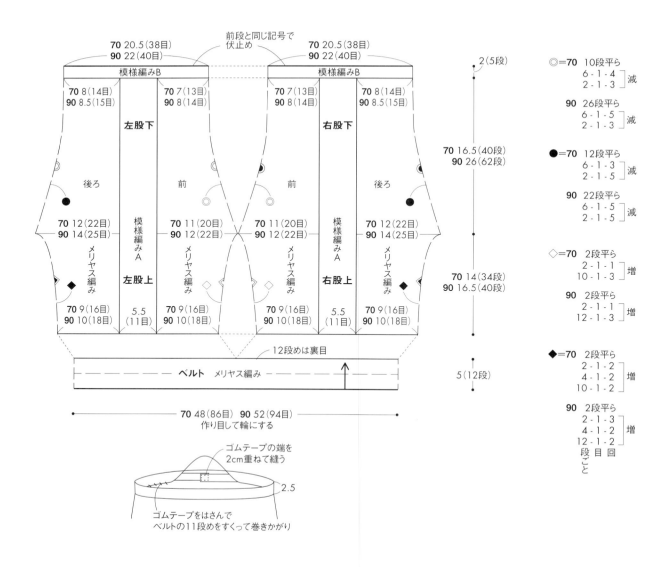

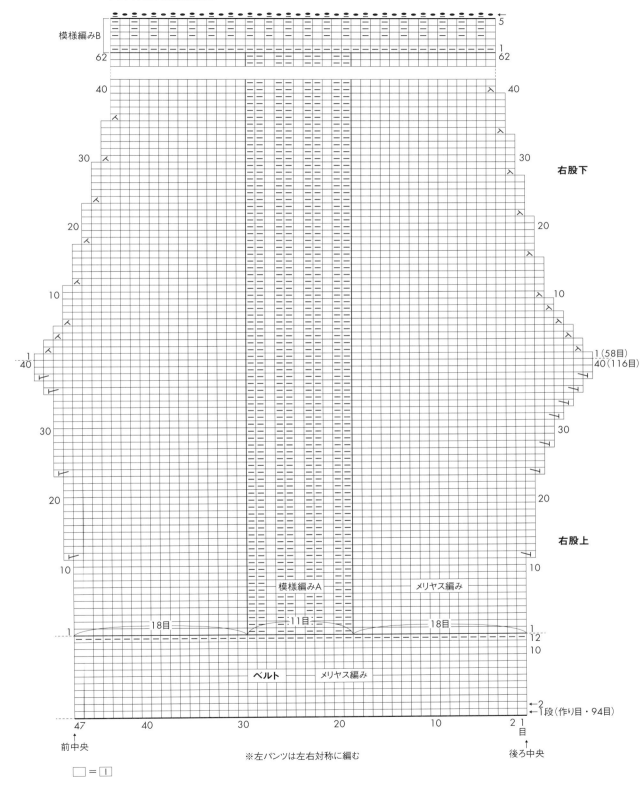

Shaggy Coat ｛シャギーコート｝ photo / p.36

〔糸〕
DMC SAMARA サマラ（100g玉巻き）
ベージュ（404）
80サイズ：210g　100サイズ：300g
〔用具〕
8mm4本棒針、輪針（60～80cm）
※輪針で往復に編む
3/0号かぎ針
〔その他〕
直径2cmのボタン
80サイズ：4個　100サイズ：5個
コットンパール3番刺繡糸　ベージュ（841）少々
〔ゲージ〕
ガーター編み　8目16段が10cm四方

〔出来上りサイズ〕
身幅　80サイズ：30cm　100サイズ：33.5cm
着丈　80サイズ：26.5cm　100サイズ：32cm
ゆき丈　80サイズ：33cm　100サイズ：42.5cm

〔編み方〕　糸は1本どりで、指定以外はサマラで編みます。
衿は、指に糸をかける方法で作り目し、ガーター編みを増減なく編みます。続けて、左前、左袖、後ろ、右袖、右前の順にガーター編みで増しながら編みますが、左前にはボタン穴を作ります。脇から裾までは、前後身頃と袖に分けて編みます。前後身頃は左前、後ろ、右前の順に増減なく編み、編終りは伏止めにします。袖は図のように減らしながら輪に編み、編終りは伏止めにします。ボタン穴の縁は、鎖編みの作り目を輪にして細編みを編み、ボタン穴にまつりつけます。

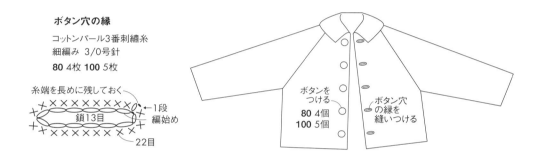

80=80サイズ　100=100サイズ　サイズ別の表示がない部分は共通

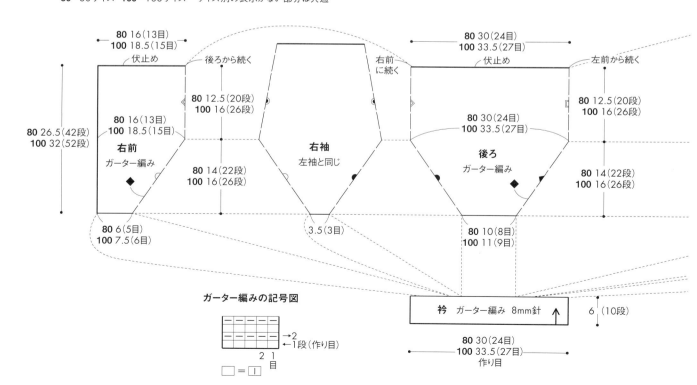

衿と前後身頃の編み方

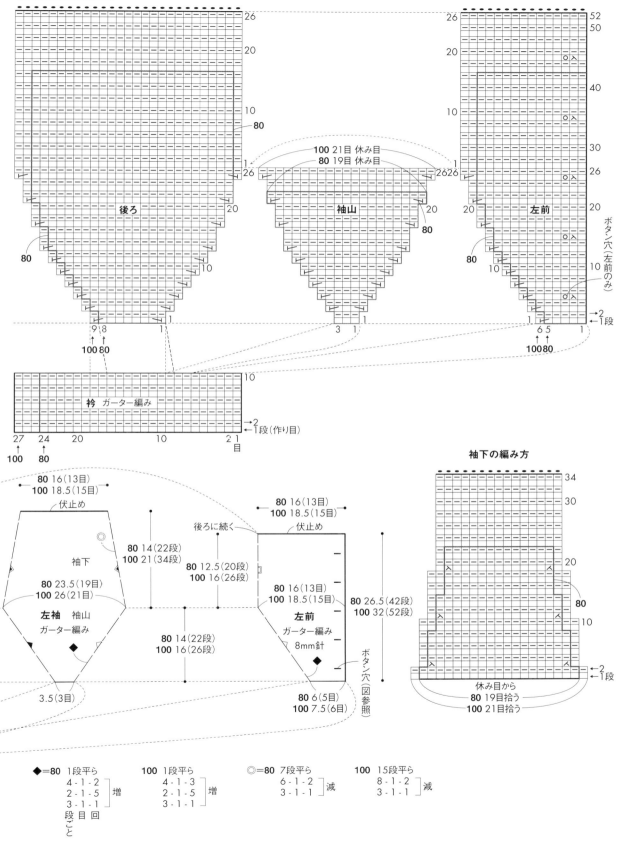

Rabbit Cap｛うさ耳帽子｝ photo / p.37

〔糸〕
DMC BOUCLETTE ブークレット（50g玉巻き）
ジュート（112）
46サイズ：40g　50サイズ：45g
〔用具〕
7号2本棒針　5号2本、4本棒針
〔ゲージ〕
メリヤス編み　15目24段が10cm四方

〔出来上りサイズ〕
首回り　46サイズ：26cm　50サイズ：30cm
丈　46サイズ：21.5cm　50サイズ：22.5cm
〔編み方〕糸は1本どりで編みます。

本体は、指に糸をかける方法で作り目し、5号針で2目ゴム編みを編みます。7号針に替え、メリヤス編みで減らしながら編み、編終りは半分の目数に分けて引抜きはぎにします。かぶり口は、同様に14目作り目して、続けて本体から目を拾って輪に2目ゴム編みを編み、編終りは伏止めにします。耳は本体と同様に作り目してガーター編みで編み、編終りは伏止めにします。同じものを2枚編み、本体の指定の位置にとじつけます。

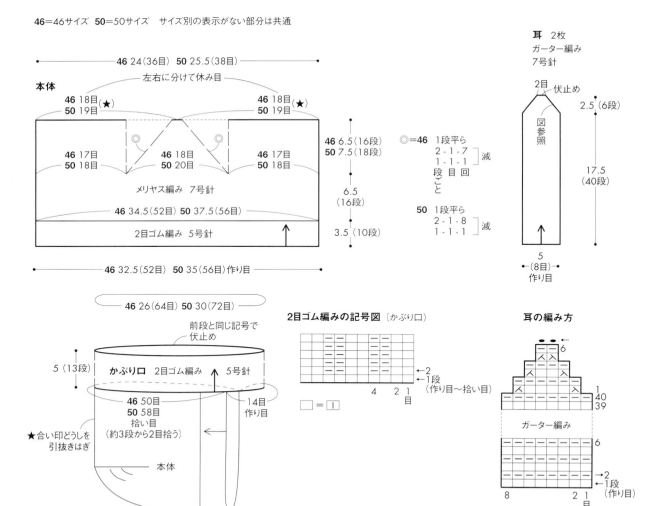

50サイズの本体の編み方　46サイズは同じ要領で編む

♡＝耳つけ位置

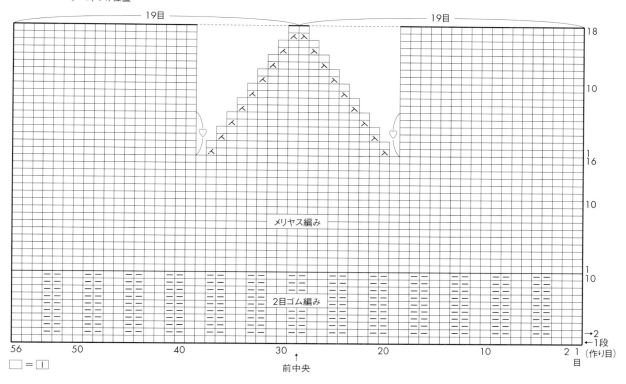

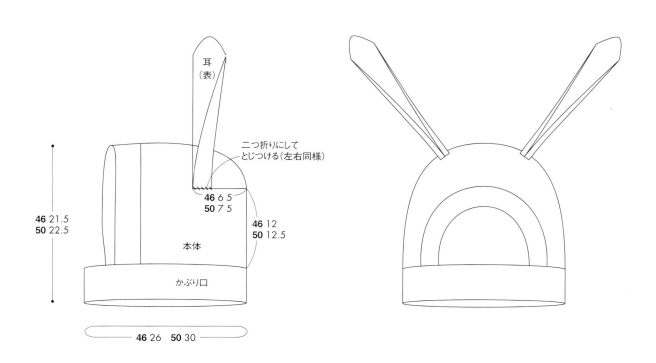

Dots Pullover ｛水玉プルオーバー｝ photo / p.30

〔糸〕
DMC Woolly ウーリー（50g玉巻き）
ブラウン（113）
80サイズ：145g　100サイズ：180g
ターコイズ（74）各サイズ20g

〔用具〕
4号2本、4本棒針　6号2本棒針　5/0号かぎ針

〔その他〕
直径1.3cmのボタン1個

〔ゲージ〕
模様編み　21.5目29段が10cm四方

〔出来上りサイズ〕
身幅　　80サイズ：31cm　　100サイズ：34cm
着丈　　80サイズ：32.5cm　100サイズ：36.5cm
ゆき丈　80サイズ：37cm　　100サイズ：44cm

〔編み方〕糸は1本どり、指定の配色で編みます。
後ろは、指に糸をかける方法で作り目し、4号針で1目ゴム編みを編みます。6号針に替え、模様編みを脇までは増減なく、以降減らしながら編みます。長編みの玉編みは5/0号針で編みます。後ろあきは、左右に分けて増しながら編み、編終りは端の目を隣の目にかぶせて休み目にします。前は、後ろと同様に作り目し、前衿ぐりは中央の目を休めて左右に分けて減らしながら編みます。袖は、身頃と同様に作り目して増減しながら編み、編終りは休み目にします。脇、袖下、ラグラン線をすくいとじにします。衿ぐりは、前後から目を拾って1目ゴム編みを編みますが、指定の位置にボタン穴を作ります。編終りは1目ゴム編み止めにします。後ろ衿ぐりにボタンをつけます。

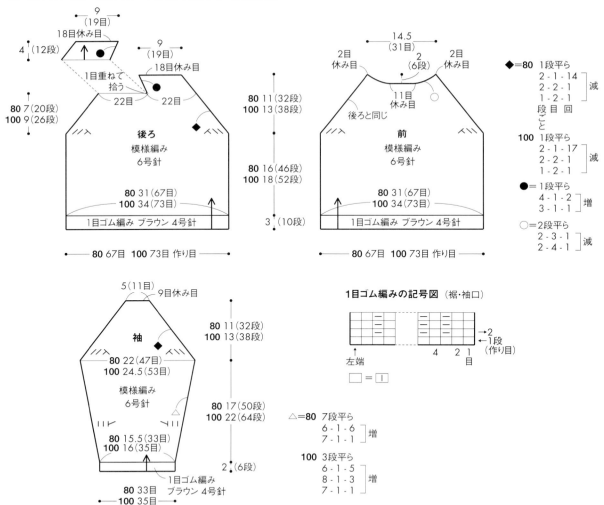

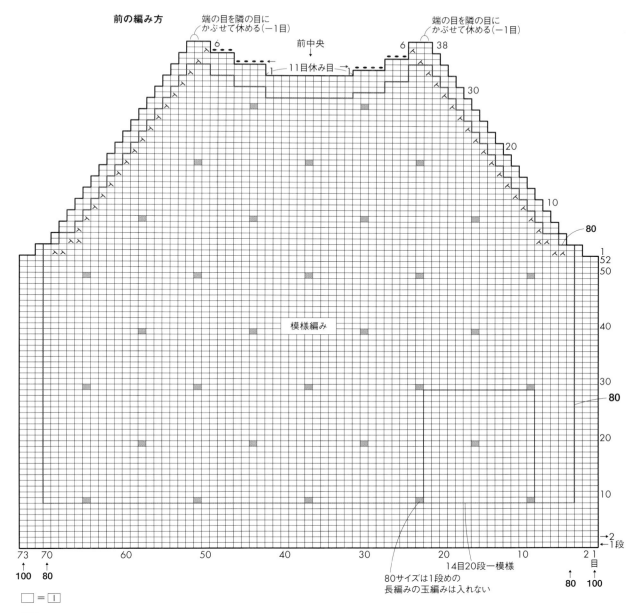

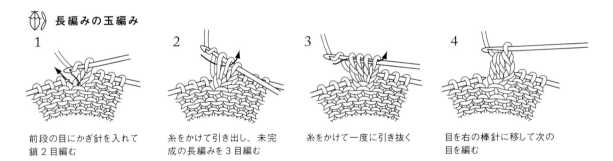

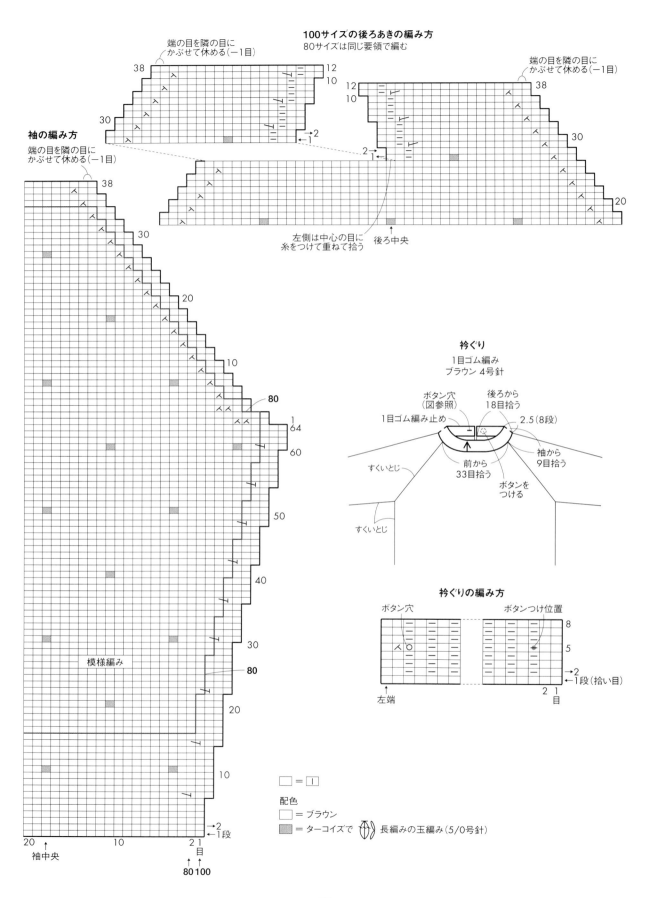

Sack Coat ｛サックコート｝ photo / p.38

〔糸〕
DMC Woolly ウーリー（50g玉巻き）
チャコールグレー（123）
80サイズ：265g　100サイズ：370g
〔用具〕
9号2本棒針
〔その他〕
直径1.8cmのボタン6個
〔ゲージ〕
メリヤス編み　15目23段が10cm四方
模様編み　16目が7cm、23段が10cm

〔出来上がりサイズ〕
身幅　80サイズ：32.5cm　100サイズ：36.5cm
着丈　80サイズ：38cm　100サイズ：44cm
ゆき丈　80サイズ：34.5cm　100サイズ：43cm

〔編み方〕糸は2本どりで編みます。
後ろは、指に糸をかける方法で作り目し、1目ゴム編みを増減なく編みます。続けて、メリヤス編みを減らしながら編み、編終りは伏止めにします。前は、後ろと同様に作り目し、右前端には1目ゴム編み、左前端には模様編みを配置して編みますが、左前にはボタン穴を作ります。袖は、後ろと同様に作り目し、メリヤス編みで増減しながら編み、編終りは伏止めにします。衿は同様に作り目し、メリヤス編みで減らしながら編み、編終りは休み目にします。衿の縁編みは、段と休み目から拾い、ガーター編みを編み、編終りは伏止めにします。脇、袖下、ラグラン線をすくいとじにし、衿は身頃にまつりつけます。右前にボタンをつけます。

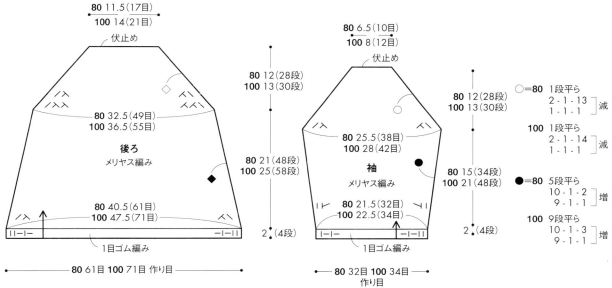

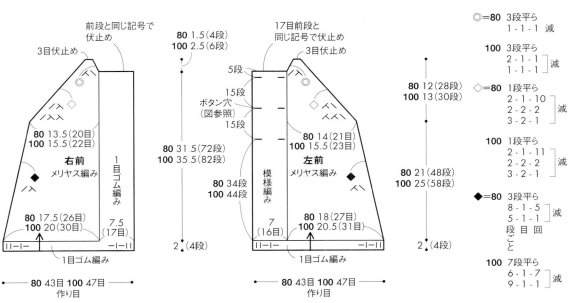

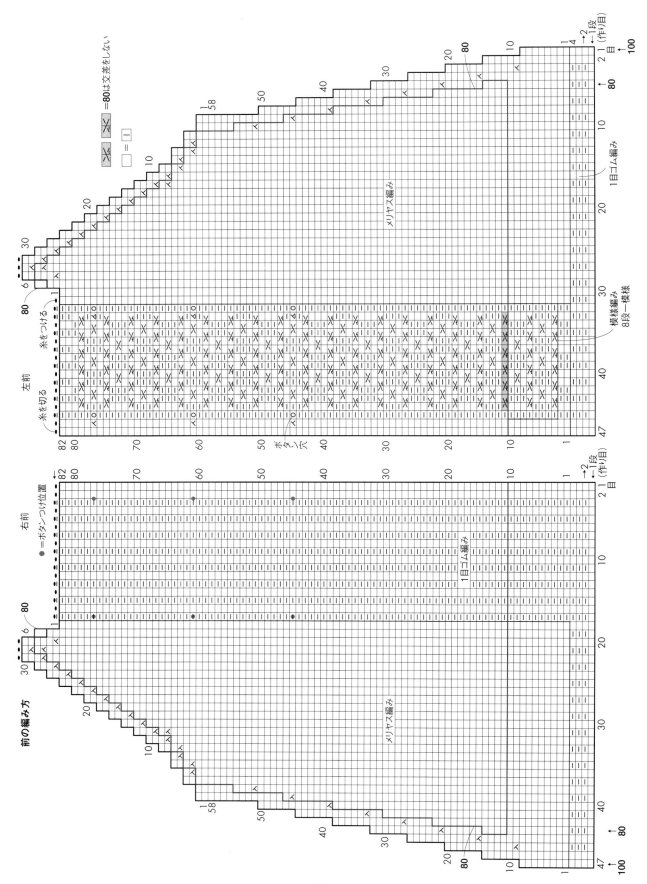

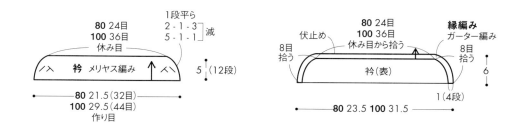

衿の編み方

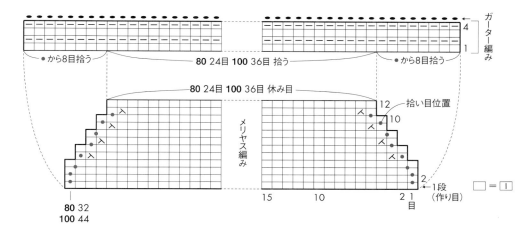

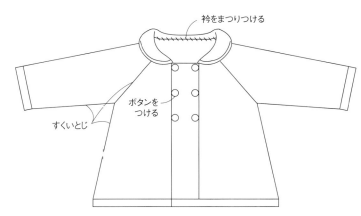

michiyo

アパレル・ニットの企画開発に携わった後、1998年よりベビーとキッズのニット製作から、作家としての創作活動をスタート。トレンドをとらえたデザイン性の高さと編みやすさに定評がある。
著書に『ニットのふだん着』シリーズ、『ニット男子』シリーズ、『S・M・L・XL KNIT サイズの選べる手編みの本』『編みやすくてかわいいベビーニット』『手編みのベビーシューズ』『育てるニット』(すべて文化出版局)などがある。
http://michiyo.mabooo.boo.jp

ブックデザイン	塚田佳奈(ME&MIRACO)
撮影	加藤新作
プロセス撮影	安田如水(文化出版局)
スタイリング	前田かおり
ヘア&メイク	オオイケユキ
モデル	アディソン ヤオンス
	オスカー ゲオルギウ
	ソフィア ゲオルギウ
	テオ ストーン
	ドゥリトル アイラ
	ロビン ヴォン オブン ブロニコウスキ
製作協力	飯島裕子
	遠山美沙子
	菅家郁子
編み方解説	小林奈緒子
DTP	文化フォトタイプ
校閲	向井雅子
編集	三角紗綾子(文化出版局)

この本はすべてDMCの糸を使用しています。
糸については、下記へお問い合わせください。

DMC
TEL.03-5296-7831
www.dmc.com

[衣装協力]
・掲載のアイテムは時期によっては、完売もしくは売切れになる場合があります。ご了承ください。

brownie and tea room
TEL.03-3454-3786
p.6、7、8、10、12、16のブランケット、
p.7、9、28、31、34、36のキャビネット

CARAMEL
TEL.03-5784-2345
p.32のワンピース、p.34、38の靴下、p.36のワンピース、
p.38のパンツ

chocolatesoup
TEL.03-6412-7331
Cover、p.2、5、14、20、24、36のタイツ、
p.14、28のスカート、Cover、p.24のブルマ、
p.27のパンツ

menina daikanyama
TEL.03-6416-9666
p.18、27、28の靴下、p.22のタイツ

[撮影協力]
AWABEES

ベビーと
小さな子どものための
手編み

2019年11月24日　第1刷発行

著　者	michiyo
発行者	濱田勝宏
発行所	学校法人文化学園 文化出版局
	〒151-8524 東京都渋谷区代々木3-22-1
	TEL.03-3299-2487(編集)
	TEL.03-3299-2540(営業)
印刷・製本所	株式会社文化カラー印刷

©michiyo 2019　Printed in Japan
本書の写真、カット及び内容の無断転載を禁じます。

○本書のコピー、スキャン、デジタル化等の無断複製は著作権法上での例外を除き、禁じられています。本書を代行業者等の第三者に依頼してスキャンやデジタル化することは、たとえ個人や家庭内での利用でも著作権法違反になります。
○本書で紹介した作品の全部または一部を商品化、複製頒布、及びコンクールなどの応募作品として出品することは禁じられています。
○撮影状況や印刷により、作品の色は実物と多少異なる場合があります。ご了承ください。

文化出版局のホームページ　http://books.bunka.ac.jp/